다시는 오지 않을
오늘을 위하여

예수님의 8가지 행복선언

김서권

Beatitudes
Today's Blessing

현란하고 복잡한 언어들로는
행복이란 단어를 규정하기 어렵다.
제각각이어서 그렇다.

행복은
단순하고 선명한 예수님의 화법 앞에서
안단테 칸타빌레로 노래한다.

- 프롤로그 中에서 -

팔복을 의미하는 영어 Beatitudes는
존재Be와 태도Attitude의 합성어로서
'더할 나위 없는 행복'을 의미한다.

다시는 오지 않을 소중한 시간
'오늘'을 사는 우리가
하나님의 자녀로서의 존재적 가치를 알고
그리스도의 선언에
귀 기울이는 태도를 취하면
그토록 찾아 헤매던
행복이 우리 곁에 와있음을
알게 되리라.

Beatitudes
Today's Blessing

목차

- 프롤로그

1. 어둠을 밝히는 궁창의 별과 같이 14
2. 다시는 오지 않을 오늘을 위하여 36
3. 잘 길들여진 말이 기수의 마음을 읽듯이 74
4. 마른 뼈 같은 인생에 생수의 강이 넘쳐흐르는 부요함이 96
5. 하나님의 긍휼을 입은 그리스도의 포로 되어 142
6. 깊도다, 하나님의 지혜와 지식의 풍성함이여 182
7. 넓고 큰 마음을 지닌 대장부 되어 212
8. 하늘에 소망을 둔 이 땅의 나그네로 258
9. 매력적인 그리스도의 제자 292

- 편집장의 글

프롤로그

우리의 삶은
'오늘'의 연속이다.

지나간 '오늘'은 어제이고
다가올 '오늘'은 내일이다.

지금 누리는 '오늘'이라는 시간은
다시는 돌아오지 않는다.

'오늘' 행복해야 할 이유가
여기에 있다.

예수님은
산에 오르시어
사랑하는 제자들에게
구원받은 존재로서 마땅히 누려야 할
8가지 복에 대하여 말씀하셨다.

산상 수훈은
'오늘'의 행복을 누리는
예수 그리스도의 8가지 행복선언이다.

예수님의 행복선언이
내 것으로 담겨진 그 지점으로부터
나는 진정한 행복을 맛보았다.

한 점 모순으로 잉태된
내 삶의 얼룩들이
예수 그리스도의 언어로 승화되어
청정한 대기를 향하여 날아올랐다.

현란하고 복잡한 언어들로는
행복이란 단어를 규정하기 어렵다.
제각각이어서 그렇다.

행복은
단순하고 선명한
예수님의 화법 앞에서
안단테 칸타빌레로 노래한다.

나는 이제,
노래하는 나그네, 복음의 순례자가 되어
하나님이 줄로 재어주신
아름다운 땅을 향해 걸어가려 한다.

다시는 오지 않을
'오늘'의 행복을 누리며.

이 책을 사랑해 줄 모든 이들과
이 책이 나오기까지 기도해준 예수사랑 가족들
HIM BOOKS 가족들
예수 그리스도의 은혜 안에 있는
237 나라 모든 이들과 함께
그리스도의 날까지
복음의 시인이 되어 나그네의 여정을 걷고 싶다.

2021년 11월, 깊어가는 가을날에
김서권 목사

Chapter 1

어둠을 밝히는 궁창의 별과 같이

심령이 가난한 자는
복이 있나니
천국이 그들의 것임이요

Blessed are the poor in spirit,
for theirs is the kingdom of heaven.

Matthew 5:3

어둠을 밝히는 궁창의 별과 같이 - 1

심령이 가난하다는 것은

우리 자신이 곧
전적 타락 전적 부패의 존재로서
끊임없이 문제를 만들어 내고 시달리는
문제의 생산공장임을
인정하는 것으로부터 시작된다.

이 문제의 해결책으로
하나님이 우리에게 주신
예수 그리스도의 권세로
죄의 권세, 사탄의 권세를 깨뜨려버리는
절대적 실천은
종교적 주술과는 차원이 다른
권세기도이며, 영적 전쟁이다.

차원이 다른 권세기도로
옛사람의 체질을 바꾸면
비로소
천국을 소유하는
복의 비밀을 누리게 된다.

하나님의 나라는
'여기 있다 저기 있다'하는 것이 아니라
우리 마음 안에 있다.

하나님의 나라가
마음속에 임하면
하나님의 새 은혜를 날마다 누리는 가운데
새로운 비전과 꿈을 갖게된다.

무능과 무기력으로 주저앉았던
옛사람이
실천하는 새 사람으로 변화를 입고

하나님의 나라와 의를 구하며 걷는
인생 여정 속에서

많은 사람을 옳은 데로 돌아오게 하는
어둔 밤, 별과 같이 빛나는 삶이 시작된다.

누가복음 17장 21절

> '이 세상도, 그 정욕도 지나가되
> 오직 하나님의 뜻을 행하는 자는
> 영원히 거하느니라'

육신의 정욕과 안목의 정욕
이생의 자랑은
다 지나가는 것이다.

하나님이 우리에게 주신
차원이 다른 권세기도로
우리 자신의 욕망을 무너뜨리는
영적 싸움이 없으면

틀린 생각으로
틀린 신앙생활 속에서
반복적으로
기쁨과 기도와 감사를 빼앗기며 살게 된다.

그리스도 안에 있는
진정한 복의 의미를 모르면
사탄의 덫에 걸려
거지 나사로처럼 부자의 밥상에서 떨어지는
부스러기만 먹고 살다가
턱걸이 구원을 받는다.

운명의 터널
흑암의 올무에서 빠져나오라.

예수 그리스도의 권세를
우리의 것으로 적용하는
지혜를 가져라.

말씀이 육신이 되어
우리에게 오신
예수 그리스도께서
몸과 마음과 생각 속에 거하시면
은혜와 진리로 충만해진다.

예수 그리스도의 은혜와 진리로
충만해지면
죄와 사망의 올무에서 빠져나올 수 있는
성령의 힘이 우리의 몸에 임한다.

요한일서 2장 17절
요한복음 1장 14절
로마서 8장 1~2절

어둠을 밝히는 궁창의 별과 같이 - 3

출애굽 하라.
운명적 노예 상태에서 빠져나오는 것이
출애굽이다.

자신의 의지와 상관없이
정신 문제로 시달리고
삶의 균형은 무너지고
가문에 흐르는 흑암의 저주에 눌려
불신자보다 못한 수준으로 살아가게 만드는
존재가 있다.

우리 생각과 몸과 마음에 똬리를 틀고 앉아
심령을 빼앗고 죽이는
사탄의 일을 멸하시려고
예수님은 십자가에서
물과 피를 다 쏟으셨다.

십자가의 보혈, 유월절 어린 양의 피를
우리 집과 가문의 문설주와 인방에 바르면
사망과 질병의 저주가 넘어가고
애굽의 노예살이에서 해방된다.

출바벨론 하라.
영적인 포로 상태에서 빠져나오라.

묶인 것을 풀어버려라.
항상 우리와 함께하시는
임마누엘 하나님, 예수 그리스도를
'나의 하나님, 나의 주'로 일인칭 해야
운명의 포로 상태에서 빠져나온다.

출로마 하라.
마음의 열매도 없이
종교 사상과 철학 사상으로 길들여진
속국 상태에서 벗어나라.

내면의 두려움과 욕망은 감추어둔 채
하나님의 자리에 앉아
하나님처럼 말하고
하나님같이 행동하지 말라.

회칠한 무덤으로 살지 말고
이 땅에서도 천국을 누려라.
천국은
죽어서만 가는 것으로 착각하지 말라.
천국은 마음 안에 있다.

답답한 상태로
'주여, 아버지' 부르짖으면서 울지 말고
복음의 시작되신
예수 그리스도의 세계로 들어가라.

예수님이 그리스도이심을 고백하고
차원이 다른 예수 그리스도 이름과
차원이 다른 권세기도로
더러운 귀신을 내어 쫓으면
하나님의 나라, 천국이 임한다.

창세기 3장 15절, 구약의 주인공
사탄의 머리를 밟아버린 신약의 주인공
메시아, 예수 그리스도는
우리의 인생을 춤추게 만드는
절대 진리, 생명, 기쁨, 힘이시다.

출애굽기 3장 18절, 12장 13절
이사야 7장 14절
누가복음 17장 21절
마태복음 1장 1절
마가복음 1장 1절
마태복음 12장 28절

어둠을 밝히는 궁창의 별과 같이 - 4

많은 사람을 옳은 데로 돌아오게 하는
제자의 삶을 살아라.
제자의 삶은 궁창의 별과 같이
빛나는 삶이다.

운명적 노예 상태에서 벗어나는 출애굽
사탄의 포로 상태에서 벗어나는 출바벨론
영적 속국 상태에서 벗어나는 출로마의 길
창세기 3장 15절, 원시 복음의 본질을 상실하면
두려움 속에서
인생의 답도 없이 돌아다닌다.

사탄이 심어놓은
죄의 권세에 장악되면
사는 날 동안 두려움에 시달린다.

몸과 생각과 마음을 지배하는
두려움을 제거하라.

하나님은
이 두려움의 문제를 해결하라고
차원이 다른 권세와 평강을
하나님의 자녀에게 주셨다.

두려움이 엄습해올 때마다
창세기 3장 15절, 메시아
그리스도의 권세로
뱀의 머리를 깨뜨려라.

이 땅에서
죄의 권세, 사탄의 권세, 지옥권세를
풀어버려야
진정한 평안이 온다.

복음의 본질을 믿지 않고
미혹하여 이간하는 자
그리스도가 선포되는 생명공동체에
뿌리내리지 못하게 하는
흉악한 자, 점치는 자, 우상 숭배자들은
불과 유황이 타는 못에 던져지는
둘째 사망에 이른다.

이 사망의 문제를 해결하려고
예수님의 모친 마리아까지도
제자들과 함께
마가다락방에서
일심 전심 지속으로 기도하였다.

심령이 가난하면
복을 받는다.

하나님이 주신 권세기도로
지옥 권세를 깨뜨려야
생각과 마음과 삶에
천국이 임한다.

다니엘 12장 3절
창세기 3장 10절
요한계시록 21장 8절
사도행전 1장 14절

어둠을 밝히는 궁창의 별과 같이 - 5

안전지대가 없는
이 패역한 시대에
거룩한 소수로 살아가는 길

세상을 이기는 자유인
복음의 나그네로 사는 비밀은
영혼을 거스르는 육체의 정욕을 제어하여
심령이 가난한 자로 사는 데 있다.

심령이 가난한 자, 하나님의 종으로 살면
이 땅에서
왕 같은 제사장으로 인정받는다.

육체의 정욕을 제어한 요셉은
노예 신분으로도
애굽 온 나라를 통치하였다.

육체의 정욕을 제어하지 못한 삼손은
가지고 있었던 엄청난 힘마저 잃어버렸다.
성령을 따라 행하라.

육체의 소욕은 성령을 거스르고
성령은 육체를 거스른다.
이 둘이 서로 대적함으로
하나님이 원하시는 것
우리가 원하는 것, 전도와 선교를 하지 못하는 것이다.

사망의 잠에서 깨어나
생명의 빛으로 나왔다면
육체의 정욕을 제어하라.

그리스도 안에서 새로운 피조물로 살라.

원하는 바 선은 행하지 않고
원하지 않는 악행을 행하는 육체의 일은
우리 속에서 내전을 일으키는 악이요, 죄다.

죄를 짓는 자마다 마귀에게 속한 것이다.
성령으로 충만하여
마귀의 일을 멸하는 영적 싸움이 있어야
육체의 정욕을 제어하는
왕 같은 제사장으로 살 수 있다.

'누구든지 말로 인자를 거역하면 사하심을 얻되
누구든지 말로 성령을 거역하면
이 세상과 오는 세상에서도 사하심을 얻지 못하리라'

주 예수 그리스도 이름으로
하나님께 감사하라.
그리스도 예수 안에 있으면
결코 정죄함이 없다.
그리스도 예수 안에 있는 생명의 성령의 법이
죄와 사망의 법에서
우리를 해방시켜주신다.

육체만을 가꾸려하지 말라.
타락의 도구가 되고 불의의 병기가 되어
시대의 재앙을 일으킨다.

세상이 알아주지 않아도
먼저 하나님의 자녀된 신분과 권세로
육체의 정욕을 제어하라.

그리스도 안에서
우리의 가치를 높이는 것은

육체의 정욕을 제어하여
사람의 일을 도모하는 우리의 자아를 부인하는 것.

인생의 장애물을 뚫으시는 분이
하나님이심을 믿고
하나님의 일을 생각하며
그리스도를 따라가는 것이다.

우리가 전에는
율법 아래에 매인 바 되어
믿음의 때까지 갇혔으나

율법이 그리스도께로 인도하는 초등교사가 되어
그리스도를 믿는 믿음으로
그리스도 예수 안에서 의롭다하심을 얻고
하나님의 아들이 되었으니
그리스도와 합하기 위하여
그리스도로 옷을 입으라.

내면의 적과 싸워
육체의 정욕을 제어하면
외부의 적과 싸워 이길 수 있다.

심령이 가난한 자, 육체의 정욕을 제어한
그리스도인으로 살면 천국을 소유하는 복을 누린다.

거룩한 소수, 심령이 가난한 자
그리스도 예수의 손이 함께하는
진정한 그리스도인은
어둠 속에서도 별과 같이 빛난다.

많은 사람을 옳은 데로 돌아오게 하는 우리여!
궁창의 별과 같이 빛나리라.

베드로전서 2장 11~12절
갈라디아서 5장 16~17절
로마서 7장 21절
요한일서 3장 8절
마태복음 12장 32절
로마서 8장 1~2절
갈라디아서 3장 23~27절
다니엘서 12장 3절

Chapter 2

다시는
오지 않을
오늘을 위하여

애통하는 자는 복이 있나니
그들이 위로를 받을 것임이요

Blessed are those who mourn,
for they will be comforted.

Matthew 5:4

다시는 오지 않을 오늘을 위하여 - 1

애통하다는 것은
그저 우는 것이 아니다.

'오호라 나는 곤고한 사람이로다
이 사망의 몸에서 누가 나를 건져내랴
우리 주 예수 그리스도로 말미암아
하나님께 감사하리로다'

우리 지체 속에 있는
죄의 법에 사로잡혀
자신의 의지와 상관없이
실패하고 무너질 수밖에 없는
곤고한 존재임을 인정하고 고백하는 것.
이것이 애통함이다.

죄의 법이 우리를 사로잡으면
아무리 바른생활 속에서
노력하며 몰입하면서 열심히 살아도
공포 두려움 낙심 절망 고독이
마음과 생각 속에 파고들어와
삶의 리듬을 파괴해버린다.

하나님은
이 멸망 시스템에서
우리를 건지시려고
예수 그리스도의 몸을 내어주심으로
우리의 원죄와 자범죄와 미래에 지을 죄까지
모든 죄를 대속하시고
십자가 보배로운 피로 구원하셨다.

이 사실을 믿고 감사하는 순간
하나님의 위로가 임하는
복을 받는다.

이 시대와 만민을 덮어버린
어둠을 보고 애통하라.
그리스도의 빛을 발하라.

예수 그리스도의 이름으로
시대의 어둠을 꺾어버려라.
오늘
우리에게 위로를 주시는
하나님의 복이 임한다.

로마서 7장 24~25절
갈라디아서 1장 4절
이사야 60장 1~3절

하나님은
우리의 상한 마음과 애통하는 마음을
멸시하지 않으신다.

애통하는 마음을
위로하시는 하나님은
보혜사 성령을 우리에게 보내주시어
영원토록 우리와 함께 있게 하신다.

보혜사 성령은
진리의 영, 부활하신 그리스도의 영이시다.
우리를 보호하시고
우리에게 은혜를 주시며
가르쳐 생각나게 하는 지혜의 하나님이시다.

세상은
진리의 영을 받지도 않고, 보지도 못하지만
애통하는 우리는
진리의 영이 우리 속에 거하셔서
위로와 자유를 누린다.

착하고 의롭게 산다고
진리의 영이 오시는 것이 아니다.

눈물 흘리며 신세한탄 한다고 해서
하나님의 위로가 오는 것이 아니다.

하나님은 실수했다고 때리시는 분이 아니시다.
믿는 우리에게 상을 주시는 분이시다.

시대의 흑암을 꺾어버려라.

우리를 따라다니며
죄를 짓게 만드는 원수들, 사탄의 정수리를
하나님이 쳐서 깨뜨렸음을
다윗 왕도 당당히 선포하였다.

'원수들의 머리 곧 죄를 짓고 다니는 자의 정수리는
하나님이 쳐서 깨뜨리시리로다'

창세기 3장 15절, 구약의 메시아
뱀의 머리를 밟아버리신 여인의 후손
신약의 그리스도 이름으로
우리 안에서 행하는 죄의 권세를 꺾어버리면
오해와 편견, 고집과 교만이 사라지고
낮은 자리에서 겸손하게
다시 시작하게 된다.

시편 51편 17절
요한복음 14장 16~18절
히브리서 11장 6절
시편 68편 21절

다시는 오지 않을 오늘을 위하여 - 3

애통한 마음으로
하나님 앞에 서면 겸손해진다

애통은
사도 바울처럼
자신의 죄악을 깨닫고
슬퍼하는 마음이다.

'그리스도 예수께서
죄인을 구원하시려고
세상에 임하셨다 하였도다
죄인 중에 내가 괴수니라'

이 땅에 의인은
하나도 없다.

오직 그리스도 예수의 피로
값없이 속량을 받았으니
교만과 고집은 꺾어버리고
오직 예수 그리스도만 따라가라.

스스로 속이지 말라
하나님은 업신여김을 받지 아니하신다.
무엇을 심든지 그대로 거둔다.

옛사람을 버리는
영적 싸움 속에서
마음과 생각에 구원을 받지 못하면
포도원을 허는 작은 여우처럼
이간하고 분리시키며
자신을 학대하다가
고독 속에서 쓸쓸히 생을 마감한다.
이것이 사탄의 전략이다.

창세기 3장에 출현한
사탄의 전략을 알고
창세기 3장 15절, 메시아
사탄의 머리를 밟아버린
예수 그리스도의 피가 아니면
영원히 멸망 받을 수밖에 없는
존재임을 깨닫는 것
이것이 애통한 마음이다.

애통하는 우리를
하나님은
앞에서 옆에서 이끌어주시고
뒤에서 힘주어 밀어주신다.

우리의 삶을
견인해 가시는 하나님의 위로가 임하면
가볍고 쉽고 행복한 삶이 된다.

디모데전서 1장 15절
로마서 3장 10절, 23~24절
갈라디아서 6장 7절
마가복음 5장 5절

다시는 오지 않을 오늘을 위하여 - 4

지금, 마음과 생각 속에
무엇을 품고
오늘을 살고 있는가.

우리에게 주어진
'오늘'이라는 이 시간은
다시는 돌아오지 않는다.

이 시대의 흑암을 바라보면
애통한 마음으로
기도 속에 있게 된다.

영혼 구원은
하나님의 절대주권 속에서
값없이 받은 은혜의 선물이지만

마음과 생각의 구원은
예수님이 직접 가르쳐주신
권세기도 없이는
절대로 이 땅에서 평안을 누릴 수 없다.

마음과 생각에 구원을 받지 못하면
감사가 없다.

우리 속에서
악한 동기와 갈등을 일으키는
더러운 귀신을
성령의 능력으로 내어 쫓는
영적 싸움이 없으면

생각 자체가 짜증이고 불만이고
부정이고 의심이고 분쟁이다.
오직 사람 중심 육체 중심으로
표적과 기사만 구한다.

빌립이
사마리아 성에 들어가
그리스도를 전파하니

각종 질병으로 시달리게 만들었던
더러운 귀신들이
소리 지르며 떠나가고
병도 낫고 기쁨도 맛보는
표적과 기사가 일어났다.

병 낫는 표적에만 집착하여
빌립을 따라다니던 마술사 시몬은
세례도 받았지만
베드로와 요한이
성령을 힘입어 그 속의 흑암을
꺾어버리자 본색이 드러났다.

'베드로가 이르되
네가 하나님의 선물을
돈 주고 살 줄로 생각하였으니
네 은과 네가 함께 망할지어다
내가 보니 너는 악독이 가득하며
불의에 매인 바 되었도다'

창세기 3장 15절, 원시복음의 하나님은
사망을 이기고 부활하신 예수 그리스도의 영
지금, 역사하시는 성령 하나님이시다.

살아계신 하나님은
공의의 하나님, 심판의 하나님
동시에, 사랑의 하나님이시다.

교회도 다니고 세례도 받고
열심히 표적을 구하려고 돌아다녀도
성령의 역사가 없으면
애통함도 없고 회개도 없고
하나님의 위로도 없다.

끊임없이 마음과 생각 속에서 솟구치는
악한 동기와 갈등

성령을 빙자하여
돈장사 땅장사로
우상화 점술화 된 교회 안의 흑암

육신적 표적만을 구하는
이 시대의 흑암을 보고
애통하라.

초대교회는
날마다
집에 있든지 성전에 있든지
예수는 그리스도라 가르치기와 전도하기를
그치지 아니하였다.

하나님의 위로를 받는
복의 비밀이
여기에 있다.

사도행전 8장 20~23절
사도행전 5장 42절

다시는 오지 않을 오늘을 위하여 - 5

원죄로 시작된
죄악을 깨닫고
슬퍼하는 마음이
애통한 마음이다.

율법으로 흠이 없었던
사도 바울은
'죄인 중의 괴수' 라는 사실을 인정하고
상한 마음으로 애통하였다.

우리의 힘과 노력으로는
안 되는 존재임을 깨닫고
상한 마음을 가질 때
하나님의 위로가 임한다.

바리새인 서기관 사두개인들은
로마의 속국이 되었음에도
나라를 잃어버린 백성들에 대하여
탄식도 없고 애통함도 없었다.

창세기 3장에 출현한
사탄의 영에 사로잡히면
고난을 당하면서도
'할 수 있다'고
발악하면서 큰소리 친다.

'노력하라, 열심을 내라
몰입하라, 최고가 되라'고 하지만
구원받지 못하고 성공하는 것은
멸망이다.

구원 없이 권력을 쥐면
폭군이 되고
구원받지 못하고 재벌이 되면
공허해서 타락한다.

성취될 하나님의 말씀
진리이신 예수 그리스도를
따라가라.

돈과 권력을 가지고
맘대로 사는 것이
자유가 아니다

그리스도를 망각하면
자유를 위해 몸부림치다가
더 깊은 수렁으로 빠져든다.

구원받고 성공하면
위로를 주시는 예수 그리스도 안에서

이 시대의 흑암을 바라보고
애통한 마음으로
미래와 후대와 선교를 위해
멋있게 나누어 줄 만큼
빛의 경제를 회복하여
자유하고 매력적인 그리스도인으로 살게 된다.

다시는 오지 않을 오늘을 위하여 - 6

하나님의 방법대로 살면
하나님이 위로를 주신다.

하나님의 위로를 받는
복의 비밀을 가져라.

애통하는 자는
하나님의 방법대로 산다.

하나님의 방법대로 산다는 것은
임마누엘 하나님과
함께하는 것이다.

우리 자신은 죽고
그리스도께서
우리 삶의 주인이 되어주시는 삶이
임마누엘의 삶이다.

이 비밀을 만끽한 사도 바울은
환란과 핍박 가운데서도
누림이 있었다.
흑암이 덮어버린 시대를 보며
애통하라.

그리스도 안에서
시대의 흑암을 꺾지 않으면
실로암 망대가 무너지듯
예측불허로 찾아오는
재앙을 막을 길이 없다.

하나님의 성령, 그리스도를 힘입어라.

'주는 그리스도시오
살아계신 하나님의 아들이십니다'
이 고백으로 하루를 시작하면
음부의 권세가 나를 해치지 못한다.

오늘, 지금 우리가 있는 자리에
하나님의 나라가 임하고
하나님의 위로를 받는
복이 온다.

이 세상이
두렵지도 않고
부럽지도 않다.

갈라디아서 2장 20절
마태복음 16장 16절

미래를 살아갈 우리의 후대들
자녀를 위해 애통하라.

아무리 열심히 키우고 공부시켜도
하나님과 상관없이 살게 하면
허무한 인생으로 끝난다.

하나님의 위로를 받는
복의 비밀은
우리 자신부터 복음화하여
하나님의 절대 언약, 창세기 3장 15절
하나님의 영에 날마다 감동되어
기쁘게 감격하며 사는 것이다.

수로보니게 여인은
귀신들려 물불 안 가리고 돌아다니는
딸을 위해 애통하였다.

한나는
시대의 흑암과 타락한 교회의 제사장을
바라보고 애통하여

이스라엘을 말씀으로 재건할
나실인으로 아들, 사무엘을 키웠다.

'여호와를 대적하는 자는
산산이 깨어질 것이라
하늘에서 우레로 그들을 치시리로다
기름부음 받은 자의 뿔을 높이시리로다'

로마서 16장에 기록된 그리스도의 제자들은
영세 전에 감추어진 비밀, 그리스도를
후대에게 계승시켰다.

하나님의 소명과 사명을
가슴에 품고 애통하라.
하나님의 위로를 받는 복이 온다.

마가복음 7장 26절
사무엘상 2장 10절

다시는 오지 않을 오늘을 위하여 - 8

요셉과 동행하셨던 하나님은
지금도
구원받은 하나님의 자녀를
수렁에서 건지시고
노예로 끌려가는 그 길에서도
보호하시고 인도하신다.

문제 속에서 갈등하지 말고
믿음으로 결단하라.

작은 생각이
영혼에 틈타고 들어오면
어마어마하게 큰 사탄의 성을 만들어낸다.

기도 시간마다
두려움으로 끌고 가는
사탄의 권세, 죄의 권세, 지옥 권세를
예수 그리스도, 그 이름의 권세로 무너뜨려라.

원죄로 인한 사탄의 권세를 해결해야
사죄의 확신 속에서
진정한 자유가 온다.
사죄의 확신을 가지면
넘어지고 자빠지고 무너져도
다시 일어나는 힘이 온다.

애통하는 자의 축복을 누려라.

종일종야 하나님 보좌에서
우리를 위해 간구하시는 예수님은
우리 문제를 완벽하게 끝내시기 위하여
십자가에서 죽으시고 부활하셔서
성령으로 지금, 나와 함께 하신다.

삶의 한계 앞에서
거룩하게 구별된 하나님의 그 이름
예수 그리스도의 비밀을 가져보라.

하나님의 영, 성령, 그리스도의 영으로 인도받으면
더 이상 무서워하는 영을 받지 아니하고
양자의 영을 받아
하나님을 '아빠 아버지'라 부를 수 있다.

내가 하나님의 자녀이고
하나님 나라의 상속자임을
성령께서 친히 증언하신다.
그러므로
기쁨과 감사와 기도 속에 있으라.

무능한 것, 병든 것, 실패했다는 것을
하나님은 아시고
멸망에서 빠져나오는 길
예수 그리스도를 보내시어
위로를 주셨으니
지난날의 애통함이
축복의 발판이 되었음을 알라.

지난날
그리스도의 이름을 알지 못하고
뱀과 전갈을 밟아버리는 권세를
사용하지 못한 것을 애통해하라.

근심이 기쁨으로
한계가 기회로 반전될
그 날이 곧 온다.

로마서 8장 14~16절
누가복음 10장 19절

다시는 오지 않을 오늘을 위하여 - 9

갓난아기처럼
순전하고 애틋하게
하나님의 말씀을 사모하라.
생명의 말씀을 마음에 담으라.

하나님의 말씀을
단순히 문자로 읽으면
역사가 일어나지 않는다.

하나님의 말씀은
성령의 감동으로 쓰여졌으므로
성령의 감동으로 읽어야
우리 몸에서 작동하여
우리 삶이 성장한다.

하나님은 성령에 감동된
하나님의 자녀를 통하여 일하신다.

말씀이 육신이 되어 우리에게 오신
예수 그리스도를 간절히 사모하라.

하나님의 보호하심 속에서
능히 세상을 살리고도 남을 만큼
하나님의 힘이
우리 안에서 작동한다.

하나님의 말씀을 각인시키면
하나님의 계획이 보이고
계획이 보이면
헌신이 나온다.

기생 라합은
상천하지의 하나님, 지금 살아서 역사하시는
하나님의 말씀을 마음에 담고
정탐꾼을 도와주는 작은 헌신으로
영원히 성경에 기록될
하나님의 일을 보았다.

인생길 가는 동안 힘 빠질 이유가 없다.
낙심할 일이 왔다면
하나님의 말씀, 언약을 붙잡으라는
하나님의 메시지다.

문제가 왔다면
다시 시작할 수 있는 하나님의 시간표가 온 것이다.

모든 불신앙의 말을 끊어버리고
창세기 3장 15절, 하나님의 언약으로
간교한 영적 존재, 창세기 3장에 출현한
뱀의 머리를 밟아버려라.
밟는 만큼 성장한다.

영원한 언약으로 오신
예수 그리스도의 위로가 빠진 인생은
마른 풀과 같아서 말라버리고
우리가 가진 영광은
시드는 꽃과 같다.

하나님의 말씀을 사모하여
우리의 마음과 몸에 복음으로 각인시키면
미래가 보이고 길이 보인다.

미래를 본 스데반은
죽음 앞에서도 당당하였고

하나님의 길을 본 한나는
'여호와를 대적하는 자, 산산이 무너질지어다'라고
선포함으로써
선지자 사무엘을 낳았다.

예수 그리스도를 일인칭으로 품은
우리는, 이제 거룩한 제사장이다.

베드로전서 2장 1~5절
히브리서 11장 38절
베드로전서 1장 24~25절
베드로전서 2장 5절
누가복음 10장 19절

Chapter 3

잘 길들여진 말이
기수의 마음을
읽듯이

온유한 자는 복이 있나니
그들이 땅을
기업으로 받을 것임이요

Blessed are the meek,
for they will inherit the earth.

Matthew 5:5

잘 길들여진 말이 기수의 마음을 읽듯이 - 1

온유함이란
기수의 마음을 읽고
날렵하고 멋있게 달리는 명마처럼
하나님의 말씀에 길들여지는 것을
의미한다.

하나님의 말씀에 길들여지면
땅을 기업으로 받는
복이 임한다.

하나님의 본체시고
영광의 광채이신 하나님의 말씀이 육신이 되어
이 땅에 오신 예수 그리스도를
입으로 시인하고 마음으로 영접하여
주인으로 품으면

마음은
하나님의 성전이 되고
지금 있는 자리는
천국이 된다.

십계명을 가슴에 품고
율법으로 정죄하고 심판하고 판단하는
육신적 싸움을 멈춰라.

사망의 쏘는 것은 율법이요
율법은 죄의 권능이다.

우리에게 능력 주시는
예수 그리스도 안에서
하나님의 능력을 보장받으면
모든 것이 '괜찮다'는 고백 속에서
이해하고 수용하고 배려하는
힘이 온다.

온유함의 복을 누리면
하나님의 능력을 보장받은
하나님 나라의 상속자로서
이 땅을 기업으로 받고 누리는 복을 받는다.

고린도전서 3장 16절
로마서 6장 23절
고린도전서 15장 51절
빌립보서 4장 13절

잘 길들여진 말이 기수의 마음을 읽듯이 - 2

온유함이란
우리의 고집과 기준을 버리고
하나님의 말씀에
순복하는 것이다.

하나님의 말씀에
순복한다는 것은
마귀를 대적하는 것이다.

하나님의 법에 굴복하지 않는
육신의 생각에
사로잡히지 말라.

육신의 생각은 사망이요
영의 생각은 생명과 평안이다.

하나님과 원수 되는
육신의 생각을
영적 싸움으로 깨뜨리면
어떤 상황에서도
겸손해지고 평안해진다.

우리 안에 하나님의 영이 거하시면
그리스도의 영도 우리와 함께하신다.

우리 안에 그리스도의 영이 없으면
그리스도의 사람이 아니다.

마음을 혼미케 하는
이 세상 신, 어둠의 존재를
예수 그리스도 이름으로
밀어내라.

어둠이 떠나가면
빛 가운데
다시 일어설 수 있다.

하나님의 말씀에 순복하는
온유함으로
그리스도의 마음을 품으라.

생명과 평안을 누리는
매력적인 그리스도인이 된다.

야고보서 4장 7절
로마서 8장 6~9절
고린도후서 4장 4절

잘 길들여진 말이 기수의 마음을 읽듯이 - 3

땅을 기업으로 받는
온유함의 비밀은
모든 족속으로
가서 제자 삼으라는
사명과 소명을 가슴에 품는 데 있다.

우리의 달란트, 전문성이
그리스도 안에서 전문화되고
전문화된 우리의 기업이
세계화되는 것이
온유한 자가 누리는
복의 비밀이다.

육체에 매인
육신적 싸움에서 벗어나라.

의식주 문제에 시달리지 말고
광야에서 만나와 메추라기를 먹이신
하나님을 기억하라.

하나님의 말씀에 길들여지면
성령의 소리에 민감해진다.

성령의 소리를 들으면
여호와 하나님의 영에 감동되어
하나님이 하시는 일을 보게 된다.

요셉처럼 노예로 팔려가도 괜찮고
모세처럼 입양인이 되어도 괜찮고
다니엘처럼 포로가 되어도 괜찮다.

하늘과 땅의 권세를 가지고
땅끝까지 가서 제자 삼으라는
예수 그리스도의 사명과 소명에 길들여진
온유함이 있으면
시대를 살리고 세계를 살리는
하나님의 역사를 증거로 갖는다.

마태복음 12장 18~20절

잘 길들여진 말이 기수의 마음을 읽듯이 - 4

틀린 생각과 틀린 마음을 그대로 가지고 예배드리면
틀린 결과가 온다.

하나님의 말씀은
좌우에 날선 어떤 검보다 예리하여
우리의 영과 혼과 육을 찔러 쪼개어
틀린 생각과 마음을 치유시킨다.

하나님의 말씀에 순복하라.
틀린 생각과 마음을 심어
이웃을 해치고 빼앗고 분쟁을 일으키는
마귀를 대적하라.

성령의 소리에 민감하라.
우리는
성령에 고용된
성령의 사람이다.

우리 안에서 내주 인도 역사하시는
성령에 고용된 것이 맞다면
'자아'로 살지 않는다.

성령의 소리를 듣고
핑계 대지 않는다.
오직 하나님 앞에서
성령의 심부름을 하는 것이다.

전도자 빌립은
맹수가 들끓는 광야
사람도 다니지 않는 광야
위험이 도사리고 있는 광야로 가라는
성령의 소리에 순종하였다.

이디오피아 재무 장관의 수레로
가까이 가라는
성령의 인도에 저항하지 않았다.

낯선 사람과의 한 번의 만남을 가벼이 여기지 않고
모든 사람을 배려하고 이해하고 수용하는
온유함의 축복은

예수 그리스도의 유일성을
각인시키고 뿌리내려서
옛 체질을 바꾸는
영적 싸움으로만 가능하다.

솔로몬의 후예, 시바여왕의 후손
국고를 맡은 재무장관을 만나
'오직' 예수 그리스도만을 전도한 빌립이
아프리카를 복음으로 정복했듯이

성령의 소리를 듣고
하나님의 말씀 앞에 순복하는
온유함을 소유하면

단 한 번의 만남으로
흩어진 민족에게 복음을 전하는
다아스포라 미션을 실천하여
기념비적인 축복을 누린다.

그리스도의 마음을 가지고
오늘도 내일도 모레도
전도를 위하여 왔다는
예수님의 길을 따라가면
땅을 기업으로 받는다.

히브리서 4장 12절
야고보서 4장 7절
사도행전 8장 26~27절
누가복음 13장 33절

잘 길들여진 말이 기수의 마음을 읽듯이 - 5

'내 영혼아 여호와를 송축하라
내 속에 있는 것들아
다 그의 거룩한 이름을 송축하라
내 영혼아 여호와를 송축하며
그의 모든 은택을 잊지 말지어다

그가 네 모든 죄악을 사하시며
네 모든 병을 고치시며
네 생명을 파멸에서 속량하시고
인자와 긍휼로 관을 씌우시며
좋은 것으로 네 소원을 만족케 하사
네 청춘을 독수리 같이 새롭게 하시는도다'

여호와 그 이름, 하나님의 본체이신
예수 그리스도를 찬양하라.

예수 그리스도, 십자가의 보혈로
우리의 모든 죄를 대속하신
그 은택을 잊지 말라.

예수 그리스도는
우리를 대신하여
멸시를 받아
버림받으셨으며

우리 슬픔을 대신하여
질고를 지셨다.

우리의 허물로 인하여
채찍을 맞으셨고

우리의 죄악으로 인하여
징계를 받으셨다.

예수 그리스도께서
십자가에서 상하시고 찔리심으로
우리가 지금
나음을 입고
평화를 누린다.

예수 그리스도, 그 은택을 잊지 말라.

도살장으로 끌려가는 어린 양이
침묵하듯이
털 깎는 자 앞에서
양이 잠잠하듯이
우리를 위해 십자가 지신 예수 그리스도

죄와 사망의 법에서
생명의 성령의 법으로
우리를 해방시키신
창세기 3장 15절의 주인공
사탄의 머리를 밟아버린 메시아
그리스도를 찬양하라.

창세기 3장 15절, 그리스도에
각인되고 뿌리내리고 체질화 되어야
비로소 하나님의 소유가 된다.

하나님의 말씀에 길들여지면
그리스도의 마음이 되어
예루살렘과 온 유대와 사마리아와
땅끝까지 기업으로 받는
온유함의 복을 누린다.

시편 103편 1~5절
이사야 53장 1~7절
이사야 43장 1절

잘 길들여진 말이 기수의 마음을 읽듯이 - 6

하나님의 은혜를 입어
하나님이 주시는 무한한 기업을
받아 누릴 수 있는 비밀은

하나님을 대적하여 높아진
모든 생각을 사로잡아
그리스도께 복종시킴으로
하나님의 말씀을 듣고
즉각 결단할 수 있는 힘
온유함에 있다.

하나님의 은혜를 입었던
노아는

많은 사람들이
의식주 문제에 묶여
먹고 마시고 땅 사고 집 짓는
육신적 싸움에 시달리고 있을 때

창세기 3장 15절, 완전 복음
그리스도의 언약을 가슴에 품고
방주를 만들라는 하나님의 말씀에 순복하여
홍수 심판으로부터 구원을 얻었다.

아브라함은
하나님의 말씀에 순종하여
우상의 땅, 갈대아 우르를 떠나는
결단을 통해
하나님이 주신 땅을 기업으로 받는
복의 근원이 되었다.

지금, 거울 앞에 서서
자신을 들여다보라.

육신의 생각에 지배를 받고 있는가?
하나님의 말씀에 길들여져
영의 생각에 지배를 받고 있는가?

육신의 생각은 사망이고
영의 생각은 생명과 평안이다.

마음속 깊은 곳에
'오직' 예수 그리스도 유일성으로
결론 내지 못하고
두려움에 싸여있다면
창세기 3장에 출현한
사탄의 지배를 받고 있는 것이다.

지금 선포하라.
하나님의 말씀에 순복하여
마귀를 대적하라.

예수 그리스도 이름으로
우리의 몸에서 사망이 왕 노릇 하지 못하게 하라.

'사망아 질병아 가난아 무능아
예수 그리스도 이름으로 떠나갈지어다'

사탄의 머리를 밟아버린
메시아, 창세기 3장 15절의 주인공

마귀의 일을 멸하신
만왕의 왕, 예수 그리스도

사도 베드로가 고백한
완전 복음을 회복하여
하나님의 말씀에 길들여져서 결단하고 실천하면
땅을 기업으로 받는다.

고린도후서 10장 5절
창세기 6장 8, 9 ,14절
창세기 12장 1~2절
로마서 8장 6절
야고보서 4장 7절
로마서 5장 14절
요한일서 3장 8절

잘 길들여진 말이 기수의 마음을 읽듯이 - 7

땅을 기업으로 받는
온유함의 축복은

간절한 기대와 소망을 따라
살든지 죽든지 우리의 몸에서
그리스도가 존귀하게 되어
비천에 처할 줄도 알고
풍부에 처할 줄도 알아
모든 일 곧 배부름과 배고픔과
풍부와 궁핍에도 처할 줄 아는
일체의 비결을 배움으로
어떤 형편에 있든지
자족함으로부터 오는 것이다.

하나님의 능력을 보장받은
하나님의 자녀로서 성령에 고용되면
능력 주시는 자, 예수 그리스도 안에서
모든 것을 할 수 있다.

세상은
몰입하면 성공하고
집중하면 승리한다고 말하지만

하나님의 말씀에 길들여지면
하나님의 능력을 보장받아서
이 땅을 정복하고 다스리는
온유함의 축복이 온다.

빌립보서 1장 20절
빌립보서 4장 10~12절

Chapter 4

마른 뼈 같은
인생에
생수의 강이
넘쳐흐르는
부요함이

의에 주리고 목마른 자는
복이 있나니
그들이 배부를 것임이요

Blessed are those who hunger
and thirst for righteousness,
for they will be filled.
───────────────
Matthew 5:6

마른 뼈 같은 인생에 생수의 강이 넘쳐흐르는 부요함이 - 1

주리지도 않고
목마르지도 않는
복의 비밀이 있다.

'의에 주리고 목마른 자는
복이 있나니
저희가 배부를 것이다'

하늘의 것을
먼저 갈망하라.

무엇을 마실까
무엇을 먹을까 걱정하지 말고
먼저
하나님의 나라와 의를 구하라.

하나님은
우리에게 필요한 모든 것을
더해주신다.

아브라함이
단을 쌓고 여호와의 이름을 불렀더니
하나님은
가병 318명을 붙이시고
빛의 경제를 허락하셨다.

하나님 나라와 의를 갈망하라.

우리의 의는
바람같이 몰아치는 죄악으로
남을 정죄하고 판단하고 넘어뜨릴 뿐이다.

'무릇 우리는 다 부정한 자 같아서
우리의 의는 다 더러운 옷 같으며
우리는 다 잎사귀같이 시들므로
우리의 죄악이 바람같이
우리를 몰아가나이다'

죄는
창세기 3장 15절, 메시아
예수 그리스도를 믿지 않는 것이며
하나님의 의는
예수 그리스도를 믿는 것이다.

심판이란
창세기 3장에 출현하여
우는 사자처럼 두루 삼킬 자를 찾아
돌아다니는 이 세상 신, 마귀에 대한 것이다.

마귀의 일을 멸하기 위하여
이 땅에 오신
만왕의 왕, 예수 그리스도에 목말라하라.

우물가의 여인은
예수 그리스도를 만나는 순간
그 배에서 영원히 목마르지 않는
생수의 강이 넘쳐흘렀다.

결코 주리지 않는 비밀
생명의 떡으로 오신
예수 그리스도를 만난 바울은
모든 것을 배설물로 여겼다.

하나님의 의, 예수 그리스도를
갈망하고 소유하면
하나님의 축복덩어리가 된다.

마태복음 6장 33절
창세기 13장 18, 14장 14절
이사야 64장 6절
요한복음 16장 9~11절
베드로전서 5장 8절
요한일서 3장 8절
요한복음 4장 14, 28절
빌립보서 3장 8절
고린도후서 4장 4절

알 수 없는 두려움 가운데
마음과 생각이 마른 뼈처럼
생기도 없이 주리고 목마른 이 때에

하나님은
목마르지도 말고
주리지도 말라고
예수 그리스도를 보내주셨다.

그리스도의 영이
우리 속에 들어오면
군대처럼 일어나
분별력과 판단력과 결단력이 온다.

'너희 마른 뼈들아 여호와의 말씀을 들을지어다
주 여호와께서 이 뼈들에게 이같이 말씀하시기를
내가 생기를 너희에게 들어가게 하리니
너희가 살아나리라'

하나님의 생기, 그리스도의 영을
에스겔 골짜기의 마른 뼈처럼
생기를 잃은 몸과 마음에 불어넣으라.
사망 권세 지옥 권세 사탄의 권세를
이기고 부활하신
그리스도의 영이 함께하지 않으면
무능과 무지, 무기력에 빠져
인생도 가정도 자녀도 무너진다.

기쁨과 감사와 기도를 빼앗긴 채
마른 뼈 같은 인생으로 전락했음에도 불구하고
주리지도 목말라하지도 않는 것이
무능이라는 전염병에 걸린 것이다.

영적 전염병에 걸리면
하나님이 없다 하는 무지 속에 빠져
그 행실이 가증하며
온몸이 부패하여
무능하고 어리석은 자가 된다.

창세기 3장 15절의 주인공, 메시아
예수 그리스도를 만난 다윗은
마음이 기뻐하고
혀가 즐거우며
온 몸이 희망에 거함으로
어떤 상황에서도 요동치 아니하였다.

에스겔 37장 3~4절
시편 14편 1절
사도행전 2장 26절

살아온 인생에 대하여
구구절절 설명할 필요가 없다.

하나님은
우리 운명을 바꾸고 역전시킬
준비를 해놓으셨다.

지난날의 약점 때문에
괴로워하지 말라.

사울은
스데반의 순교 현장에서 살인을 방조하고
극악무도하게 교회를 핍박했던 장본인이었지만

십자가에 못 박아 죽인 예수가
유대인이 기다리던 메시아, 그리스도임을 전하는
남녀를 결박하여 옥에 집어넣으려고
위협과 살기가 등등하여
다메섹으로 가는 길에서
생명의 빛, 예수 그리스도를 만난 후
인생 역전이 시작되었다.

사탄에게 묶여 운명의 포로로 사는
그리스도를 만나기 전
BC 인생에서
그리스도의 포로되어 인생이 역전되는
우리 하나님, 예수 그리스도 안에서
AD 인생으로 살아라.

'사울이 길을 가다가
다메섹에 가까이 이르더니
홀연히 하늘로부터
빛이 그를 둘러 비추는지라
땅에 엎드러져 들으매
소리가 있어 이르시되
사울아 사울아
네가 어찌하여 나를 박해하느냐'

그리스도의 빛과 소리가
우리 몸에 임하면
부활하신 그리스도의 영, 성령께서
우리의 삶을 주도적으로 운행하셔서
인생 역전이 일어난다.

율법으로 흠이 없는
유대인 중의 유대인, 바리새인 중의 바리새인
당대 최고의 성경학자 가말리엘의 수제자
베냐민 왕족 지파로서 로마 시민권을 가졌던
바울은
그리스도를 만나고
옛것, 옛 틀, 지난날의 모든 것이
배설물이라고 고백하였다.

하나님의 의, 그리스도의 의에
주리고 목말라하라.

선행과 구제, 노력과 양심은
좋은 것이고 마땅히 해야 할 일이지만
구원에 이르는 것은 아니다.

우리에게 임한 원시복음
창세기 3장 15절, 사탄의 머리를 밟아버린 메시아
원시복음, 예수 그리스도 안에는
하나님의 의가 나타나서
오직 의인은
그리스도를 믿는 믿음으로만
살게 되는 것이다.

'그런즉 누구든지
그리스도 안에 있으면
새로운 피조물이라, 이전 것은 지나갔으니
보라 새것이 되었도다'

그리스도의 의에 주리고 목마르면
옛것은 지나가고 새것이 되는
인생 역전이 일어난다.

사도행전 9장 3~4절
로마서 1장 16~17절
고린도후서 5장 17절

세상일에는
힘쓰고 애쓰며 열심히 달려가는데
우리는 과연
복음을 위하여 달려가고 있는가.

다메섹에서
그리스도를 만난 사도 바울은
주 예수께 받은 사명
은혜의 복음을 증거하기 위해
생명조차 귀한 것으로
여기지 아니하고 달려갔다.

쇠사슬에 묶여
로마로 가는 길에도
바울은 스스로
그리스도의 포로 되었다고 고백하였다.

마음으로 믿어
의에 이르고
입으로 시인하여
구원을 얻는 그 이름
예수 그리스도.

그리스도에 목말라 달려가면
인생의 광풍 앞에서
구원의 여망이 끊어진 순간에도
하나님은 위로와 힘을 주신다.

'바울아 두려워하지 말라
네가 가이사 앞에 서야 하겠고
너와 함께 항해하는 자를
다 네게 주셨다'

모태에서 조성되기도 전에
이방인을 위하여 택정하시고
은혜로 부르신 이, 예수 그리스도만이
원죄적 고독과 곤고한 운명에서
해방시킨 구원자임을 알게 된
사도 바울은

하나님의 의, 그리스도의 복음을
전하지 않으면
자신에게 재앙이 오리라고 결론을 내렸다.

예수 그리스도의 사랑을 가슴에 담고
그리스도의 포로가 되어라.

하나님의 의, 그리스도를 갈망하라.
인생 역전이 시작된다.

사도행전 20장 24절
로마서 10장 10절
사도행전 27장 24절
갈라디아서 1장 15절
고린도전서 9장 19절

마른 뼈 같은 인생에 생수의 강이 넘쳐흐르는 부요함이 - 5

하나님은
우리가, 지금
두려워하는 것도 아시고
약한 것도 아시고, 병든 것도 아신다.

두려워하지 말고
머뭇거리지 말고
예수님이 나에게 주신 권능을 사용하라.
일어나 걸으라.

'예수께서 그의 열두 제자를 부르사
더러운 귀신을 쫓아내며
모든 병과 모든 약한 것을 고치는
권능을 주시니라'

예수님은 우리에게
뱀과 전갈을 밟으며
원수의 모든 능력을 제어할 권능을 주셨다.
그러므로 하나님의 자녀를 해칠 자가 결코 없다.

예수 그리스도는
생명의 떡이시다.

그리스도의 의에 주리면
배부르게 될 것이며

그리스도에 목마르면
그 배에서 생수의 강이
넘쳐흐르게 된다.

주리지도 않고
목마르지 않을 비밀을
하나님이 은혜로 주셨음을 깨닫는 순간
인생 역전이 일어난다.

마태복음 10장 1절
누가복음 10장 19절
요한복음 4장 14절
요한복음 6장 35절

> 십자가 표적이
> 우리의 심령 속에서
> 흔적으로 남게 하라.

거룩하신 하나님, 예수 그리스도는
종교나 율법에서 부르는 이름이 아니다.

망령되이 하나님을 부르지 말라.

사망의 쏘는 것, 죄의 권능은
곧
종교 체질 율법 체질 세상 체질이다.

율법은
고통받는 이들에게
고통을 더한다.

하나님의 은혜 속으로 들어가라.

썩을 양식을 구하지 말고
영생하도록 있는
하나님의 기이한 양식을 구하라.

하늘에서 내려온 산 떡
생명의 떡으로 오신
예수 그리스도의 살과 피로
우리 자신을 살려내면
구별된 하나님의 축복을 누린다.

영원히 주리지도 목마르지도 않는다.

고린도전서 15장 56절
요한복음 6장 27, 51절

믿음의 대상은
오직 하나님 뿐

사람은 믿음의 대상이 아니라
사랑과 용서의 대상이다.

용서하지 않으면
용서받을 수 없다.

우리의 힘이나 상식, 이성적 판단으로는
절대 용서할 수 없을지라도

억만 죄악 가운데 나를 구원하신
예수 그리스도의 십자가 사랑으로
용서받은 것이 믿어진다면
이웃을 용서하라.

하나님이 모든 것을
회복시켜주신다.

생명의 떡으로 오신
예수 그리스도의 살을 먹고
영원히 목마르지 않는
생명수로 오신
그리스도의 피를 마시면

예수님이 우리를 사랑하심같이
서로 사랑하라는
새 계명을 지킬 수 있다.

더 이상 미움과 분노로
주저앉아 있지 말라.

마귀에게 틈을 주지 말라.
예수 그리스도 이름으로 일어나 걸으라.

우리가 주목하는 것은
보이는 것이 아니라
보이지 않는 것이다.

보이는 것은 잠깐이지만
보이지 않는 것은 영원하다.

거룩하게 구별된 하나님의 자녀로 살면
우리를 해칠 자 없다.

하나님의 힘, 영원한 힘을 소유한
하나님의 자녀는
세상의 권력이나 물질로 인해
시들어가는 꽃이 아니라
영원히 시들지 않는 비밀을 소유한
그리스도인이다.

마태복음 6장 15절
요한복음 13장 23, 34절
에베소서 4장 27절
고린도후서 4장 18절
누가복음 10장 19절

유대인이 불렀던 하나님과
사도 베드로가 불렀던 하나님의 이름은
다르다.

유대인의 하나님은
기득권을 빼앗기지 않으려는
이름이다.

베드로의 하나님은
은과 금이 필요 없는 이름이다.
무기력에서 빠져나와
일어나 걷게 하는 이름이다.

종교에서 부르는 하나님은
기득권에 도전하는
스데반을 돌로 치고
야고보를 칼로 죽이고
베드로를 옥에 가둔 이름이다.
무조건 복종을 강요하는 이름이다.

거룩하게 구별된 하나님의 이름을
바르게 알고 기도하라.

예수님이 직접 말씀하셨다.

'너희가 내 이름으로 무엇을 구하든지
내가 행하리니
이는 아버지로 하여금
아들로 말미암아 영광을 받으시게 하려 함이라
내 이름으로 무엇이든지 내게 구하면
내가 행하리라'

예수 그리스도를 믿는 믿음을
은혜로 주신 하나님은
구원을 선물로 주셨으니
자랑할 것도 없고
용서 못할 것도 없고
상처로 시달릴 일도 없다.

스데반은
예수 그리스도를 증거 했다는 이유 하나로
돌에 맞아 죽게 되는 현장에서도
천사의 얼굴이었다.

베드로는
헤롯의 박해로 인해
옥에 갇혀 쇠사슬에 매여 있어도
평안을 누렸다.

복음의 확장을 위하여
베드로의 옥문을 여신 하나님은
우리 인생의 옥문도 열어주시는
하나님, 예수 그리스도시다.

사도행전 3장 6절
요한복음 14장 13~14절
에베소서 2장 8절
사도행전 6장 15절
사도행전 12장 1~10절

생명의 빛, 그리스도의 빛과
성령의 소리, 하나님의 말씀이
우리에게 임하면
인생 역전이 시작된다.

과거의 상처와 우울증으로
정신과 몸을 피폐하게 만드는
영적인 질병을 해결하라고
하나님은
원시복음, 창세기 3장 15절
그리스도를 약속하셨다.

하나님의 절대 진리, 원시복음으로만
원죄적 고독과 영적인 질병을
해결할 수 있다.

어둠과 혼돈과 공허를 이기는
하나님의 의, 예수 그리스도에 목말라하라.

예수 그리스도를 영접 하면
하나님이 우리를 자녀 삼으시고
성령께서
인생 여정을 견인해 가신다.
옛사람의 운명대로 살게 만드는
사탄의 머리를
예수 그리스도 이름으로 밟아버려라.

예수 그리스도 이름으로
영적 싸움의 전사가 되어
무엇이든지 구하면 하나님은 응답하신다.

어둠과 캄캄함이
만민을 가린 이 시대에
그리스도의 빛을 발하라.

여호와의 영광이 임하여
동서남북에서 하나님의 자녀들이 몰려오고
이방 나라의 보물이 밀려오는
부요함이 흘러넘친다.

이사야 60장 1~5절

혼돈과 공허와 흑암으로 덮인
이 땅에
생명의 빛으로 오신 예수 그리스도는
하나님의 의이시다.

'땅이 혼돈하고 공허하며
흑암이 깊음 위에 있고
하나님의 영은
수면 위에 운행하시니라
하나님이 이르시되
빛이 있으라 하시니
빛이 있었고'

'그 안에 생명이 있었으니
이 생명은 사람들의 빛이라
빛이 어둠에 비치되
어둠이 깨닫지 못하더라'

어둠을 밀어내는
생명의 빛에 대하여 알지 못하고 깨닫지 못하면
의로운 척, 기도하는 척, 믿는 척
광명한 천사로 위장한 채
오직, 그리스도만 거부한다.

스스로 속이지 말라.
하나님은 업신여김을 받지 않으신다.

하나님의 의, 그리스도에 목마르면
복음을 부끄러워하지 않는다.

하나님의 의는
위기를 축복으로 바꾸는
그리스도의 권능이다.

하나님의 의를 갈망하였던
다윗의 집에는 부요함과 재물이 가득하였고
하나님의 의가 영원하였다.

창세기 1장 2~3절
요한복음 1장 4~5절
갈라디아서 6장 7절
시편 112편 3절

하나님을 분석하여
변론을 활성화하면
복음 아닌, 다른 교훈을 받아
하나님을
무서운 하나님으로 오해하여
하나님의 낯을 피해 숨거나 도망간다.

하나님을 분석하는 것은
물고기가 물을 떠나
바닷물을 분석하는 것처럼
어리석은 것이다.

우유를 마시지 않고
분석만 하면
배고픔을 해결할 수 없다.

하나님의 의에 주리고 목말라하라.

하나님의 의는
사탄의 머리를 밟아버린
창세기 3장 15절, 원시복음
오직 복음, 절대 복음, 메시아 그리스도시다.
반드시 창세기 3장 15절, 그리스도로
결단하고 결론 내려서
영적 싸움을 통과해야
마른 뼈처럼 주리고 목마른 인생문제가 해결된다.

'예수께서 이르시되
나는 생명의 떡이니
내게 오는 자는 결코 주리지 아니할 터이요
나를 믿는 자는 영원히 목마르지 아니하리라'

광야에서
만나와 메추라기를 먹고도 믿지 않는
유대인의 배은망덕이 우리 안에도 있다.
예수 그리스도 이름으로
반역을 일으키는 더러운 불신앙을 내어쫓으라.

마지막 날에
하나님 아버지께서 나를 살려주신다.

우물가 사마리아 여인은
야곱의 우물에서 물을 마시고 또 마셔도
남편을 다섯 번이나 바꾸고 또 바꿔도
끝없는 목마름 가운데 있었다.

구약의 메시아, 창세기 3장 15절의 주인공
예수 그리스도를 만난 후에야
그 배에서 생수의 강이 넘쳐흘렀다.

영적인 삶을 질식시키는
불신앙을
창세기 3장 15절로 제거하라.

어두웠던 내 삶이
별과 같이 빛나고
썩고 냄새나는 곳에
재창조의 기적이 일어난다.

창세기 3장 10절
요한복음 6장 35절
요한복음 4장 14절

온전하고 정직하여 하나님을 경외하며
악에서 떠난 동방의 의인 욥은
아들과 딸의 명수대로
예배를 드렸지만

두루 다니며 삼킬 자를 찾는
사탄의 존재에 대하여 무지한 결과
이렇게 한탄하였다.

'내가 두려워하는 그것이
내게 임하고
내가 무서워하는 그것이
내 몸에 미쳤구나
나에게는 평온도 없고
안일도 없고 휴식도 없고
다만 불안만이 있구나'

창세기 3장 15절, 사탄의 머리를 밟아버린
메시아 그리스도, 언약의 힘, 기도의 힘도 없이
종교 생활하면

사탄의 수렁에 빠져
괴로움과 파멸이 바다의 모래보다 무거워지고
몸과 마음과 생각에 독이 퍼져서
두려움이 엄습해온다.

그 때에
만군의 여호와, 폭풍우 가운데서 역사하시는
하나님이 말씀하신다.

'무지한 말로
생각을 어둡게 하는 자가 누구냐
너는 대장부처럼
허리를 묶어라.
내가 땅의 기초를 놓을 때에
네가 어디 있었느냐
네가 깨달아 알았거든 말할지니라'

틀린 예배를 드리면
틀린 결과가 온다.

하나님의 권위를
우리의 권세로 위임받은
우리는
하나님의 자녀다.

우리의 마음과 생각을
두려움과 염려의 수렁으로
끌고 들어가는 사탄의 일을
예수 그리스도, 그 이름의 권세로 멸하라.

평강의 왕, 샬롬의 왕이
평안을 주신다.

육신의 생각은
사망이요
영의 생각은
생명과 평안이다.

옛 고집과 편견과 율법적 옛 틀로
하나님께 반역을 일으키는 사탄의 일을
창세기 3장 15절, 메시아 그리스도 이름으로
싸워 이기는 영적 싸움을 통과해야만
진정한 쉼이 온다.

욥기 3장 1~5, 25절
욥기 6장 2~11절
욥기 38장 1~7절
로마서 8장 6절
요한복음 6장 35절
요한복음 4장 14절

구원받았다는 것의 의미는
사탄이 설계해놓은 운명에서 빠져나와
하나님의 자녀가 되었으니
육신적인 문제나 세상적인 일로
더 이상 염려하지 않는다는 것이다.

구원받은 것이 맞으면
구별된 믿음을 가져라.

마음과 생각과 삶에
하나님의 이미지를 가져라.

세상적인 체질과 구별된
복음적 체질로 살라.

마른 잎사귀 같은 인생에서 벗어나
영원히 목마르지 않는
하나님 나라의 생수를 마셔라
생명의 떡을 먹으라.

기도하는 나에게
하나님은
모든 쓸 것을 풍성하게 주신다.

의식주 문제를 걱정하는 것은
불신앙 중의 불신앙이다.

복음의 순례자로 살면
천국 복음이 전해지는 그 날까지
일용할 양식은 저절로 온다.

들에 핀 백합화를 보라.
솔로몬의 비단 옷보다 아름답지 아니한가.
공중에 나는 새를 보라.
창고에 쌓아놓지 않아도
아침마다 노래한다.

하나님은 우리에게
본향 길 가는 동안
무거운 짐을 주시지 않는다.

육신의 정욕과 안목의 정욕
이생의 자랑에 빠져
창고에 세상 보물을 쌓아놓으면
이상한 사람들이 접근하여 다 빼앗아간다.

죽을병에서 살아난 표적과 기사를 맛보고도
하나님의 은혜를 잊어버린 히스기야는
보물창고를 열어서 자랑하다가
바벨론의 속국이 되었다.

예수 이름을 빙자하여
합리화의 옷을 입은 외식하는 자
개인의 부흥만 구하는
사탄의 영을 꺾어버려라.

구원받은
하나님의 자녀로서 자긍심을 가져야
하나님의 자존심도 지켜드릴 수 있는 것이다.

빌립보서 4장 19절
마태복음 6장 26~27절
마태복음 24장 14절
빌립보서 1장 16절
요한일서 2장 16절
열왕기하 20장 13절

Chapter 5

하나님의
긍휼을 입은
그리스도의
포로 되어

긍휼히 여기는 자는
복이 있나니
그들이 긍휼히 여김을
받을 것임이요

Blessed are the merciful,
for they will be shown mercy.

Matthew 5:7

하나님의 긍휼을 입은 그리스도의 포로 되어 - 1

지은 죄만큼
벌을 받는 것이
율법이고, 세상의 법이다.

불교계의 거장, 성철 스님도
다가오는 죽음 앞에서
자신의 죄업이 붉은 수레바퀴에 걸쳐
무간지옥에 떨어진다고 고백하였다.

율법으로 시작한
틀린 시작은
남을 가르치고 정죄하고 심판하다가
한계에 이른다.

하나님의 긍휼로 시작하면
하나님의 긍휼을 누리는
복을 받는다.

하나님의 긍휼이 임하면
지극히 작은 자보다 더 작은 우리에게도
하나님은
창세 전에 감추어졌던 비밀의 경륜,
그리스도의 풍성함을
알게 하시고 드러내게 하시고 전하게 하신다.

십자가에서 모든 문제를
완벽하게 끝내주신 예수님이
우리의 그리스도이심을 고백하라.

사랑으로 맺은 하나님의 언약은
죄와 사망의 법에서
생명의 성령의 법으로 우리를 해방시킨
완전 복음이다.

하나님의 긍휼을 입은 자로서
자유를 누려라.

하나님의 긍휼을 입으면
하나님의 사랑에 굴복하여
우리의 자아는 죽고
그리스도께서 사시는 것이다.

자존심을 버리고
자아를 제로 상태로 만들어
상대방을 이해하고 배려하고 용서하는 것이
하나님의 긍휼을 입은 하나님의 자녀로서
하나님의 긍휼을 누리는 축복의 비밀이다.

에베소서 3장 8~9절
요한복음 19장 30절
갈라디아서 2장 20절

하나님의 긍휼을 입은 그리스도의 포로 되어 - 2

어제의 상처를 끌어다가
오늘을 살고

미래에 대한 두려움으로
오늘도 시달리는
어리석음에서 벗어나라.

감사함과 찬송함으로
하나님의 궁정에 들어가라.

사탄의 머리를 밟아버린
창세기 3장 15절의 주인공, 메시아
예수 그리스도의 문으로 출입하라.

사탄의 전략은
우리의 기쁨과 기도와 감사를
빼앗아가는 것이다.

마귀의 일을 멸하시려고
이 땅에 오신 만왕의 왕, 예수님이
메시아, 그리스도라는 진리를 통해서만
우리의 마음에 하나님의 나라가 임하고
하나님의 자녀로서 택함을 받는
절대 긍휼을 입는다.

예수님이 그리스도라는
오직 복음이
우리 몸에서 일인칭 되면

십자가에서 사망의 문제를 끝내신
그리스도의 완전 복음이
우리의 영원한 복음으로 체질화되어
우리는 결코 죽지 않는다.

'영세 전에 감추었다가
이제는 나타내신 바 되어
영원하신 하나님의 명을 따라
선지자들의 글로 말미암아
모든 민족이 믿어'
구원에 이르는 그 이름
예수는 그리스도!

완전 복음을
각인시키고 뿌리내리고 체질화해야만
하나님의 긍휼을 입는다.

하나님의 긍휼을 입은 하나님의 자녀는
오늘도
그리스도의 문으로
그리스도의 궁정에 들어가서
그리스도와 함께 더불어
먹고 마시며
그리스도의 이름으로 힘을 얻어 강건하리라.
아멘!

시편 100편 4절
로마서 16장 25~27절

하나님의 긍휼을 입은 그리스도의 포로 되어 - 3

열심히 노력하며 살았지만
고독한 운명 속에서
좌절하고 포기하며 쓸쓸하게
어둠 속을 헤맸던 우리 인생에

하나님이 주신 사랑의 불씨가 타고 있다면
예수 그리스도 이름으로
옛사람을 벗어버리고 일어나 춤을 추어라.

살기가 등등하여
오직 그리스도에 올인하는 아나니아를 찾아서
옥에 가두고 죽이려 했던
사울은
다메섹에서 그리스도를 만나고
예수 그리스도의 포로가 되어
이방인과 임금들과 이스라엘 자손들에게
그리스도를 전하는
하나님의 택한 그릇, 전도자 바울이 되었다.

하나님의 절대적 긍휼을 입은
바울의 고백을 보라.

'형제들아
내가 그리스도 예수, 우리 주 안에서
가진 바 너희에 대한
나의 자랑을 두고 단언하노니
나는 날마다 죽노라'

십자가 죽음으로
우리에 대한 사랑을 확증하신
하나님의 긍휼을 입었다면
예수 그리스도의 포로가 되어
하나님의 말씀만 묵묵히 따라가라.

아나니아는
하나님의 말씀에 순종하여
자신을 죽이려 했던 사울을 찾아가
사랑으로 안수하고 음식을 주어
강건하게 하였다.

누군가 우리를 죽이려 해도
미워하고 싫어해도
하나님이 만나라고 하면 만나고
용서하라고 하면 용서하고
먼저 가서 화해하라고 하면 화해하라.

하나님의 긍휼을 입고
예수 그리스도의 포로가 되어
오늘의 말씀과 기도와 전도 속에 있으면
하나님의 세밀한 역사 속에
날마다 기적이 일어난다.

사도행전 9장 13~15절
고린도전서 15장 31절
사도행전 9장 17~19절

하나님의 긍휼을 입은 그리스도의 포로 되어 - 4

문제 앞에서
답답해하거나 피하거나
숨으려고 하지 말라.

피하려고 하면
핑계와 책임 전가, 변명을 길게 늘어놓다가
원망과 불평, 시비가 끊이지 않게 된다.

문제를 깊이 들여다보고
세밀하게 역사하시는
하나님의 계획을 보아라.

마음과 생각과 눈으로 짓는
죄까지도 사해주시는 하나님의 긍휼을 입으면
열방이 나를 통해서 복을 받는다.

하나님은 오직
집에 있든지 성전에 있든지
'예수는 그리스도' 이심을
가슴에 새겨놓고 전도하는
초대교회의 기도에 귀 기울이셨다.
하나님의 긍휼을 입지 못하면
두려움이 광풍같이 임하고
재앙이 폭풍같이 이르러
근심과 슬픔이 임할 때
부지런히 하나님을 찾고 찾아도
하나님은 대답하지 않으신다.

창세기 3장에서 시작된 원죄와
가문에 흐르는 저주를 알고
창세기 3장 15절의 주인공, 예수 그리스도
그 이름을 부를 때만
하나님의 긍휼을 입는다.

하나님의 사랑으로 언약을 맺고
하나님의 긍휼을 입었다면
사랑의 빚진 자로서 달라져야 한다.

우리가 가진 하나님의 의와 긍휼은
율법에서 난 것이 아니라
오직 그리스도를 믿는 믿음으로
말미암은 것이다.

사도 바울은
날마다 '그리스도 안에서 발견되기를'
소망하였다.

하나님이 우리를 발견하시어
하나님이 우리를 아신 바 되었으니
다시는
천박한 초등학문으로 돌아가지 말라.

'이제는 너희가 하나님을 알 뿐 아니라
더욱이 하나님이 아신 바 되었거늘
어찌하여 다시 약하고 천박한 초등학문으로 돌아가서
다시 그들에게 종노릇 하려 하느냐'

육신적 감각만을 가지고
영적인 사실에 눈뜨지 못하면
심지어
예수님이 그리스도이심을
선포하고 각인시키는
전도자 바울과도 원수 된다.

하나님의 24시, 완전 복음, 그리스도 안에서
기쁨과 기도와 감사를 결단코 빼앗기지 말라.

하나님의 25시, 영원이라는 시간표 속에서
영원한 복음, 그리스도의 긍휼로 자유하라.

'너희는 너희 아비 마귀에게서 났다'는
예수님의 진단을 알아듣고 깨닫지 못하면
무너져버릴 바벨탑의 저주 속에서
세계적인 성공자 빌 게이츠처럼
깊은 수렁에 빠져 헤어 나오지 못한다.

원죄적인 마귀 시스템 안에서
예측불허로 찾아오는 재앙을
피하고 이기는 길, 창세기 3장 15절로
하나님과 사랑의 언약을 맺으라.

바울이 눈물을 흘리며
여러 번 말한 대로
하나님의 길을 막는
십자가의 원수로 살지 말라.

어둠 가운데 메말라가는 영혼들을 찾아가
하나님의 긍휼과 사랑을 전하라.

미래는 점치는 것이 아니다.
우리의 미래는
하나님이 우리에게 주신
사명이고 소명이다.

땅끝까지 가서 하나님의 긍휼을 전하는
그리스도의 매력적인 증인이 되는 것.
이것이 나의 미래다.

잠언 1장 27~28절
빌립보서 3장 9절
갈라디아서 4장 9절
갈라디아서 4장 16절
빌립보서 3장 18절
사도행전 1장 8절

하나님의 긍휼을 입은 그리스도의 포로 되어 - 5

막무가내로 목숨 거는 것이
선교라고 착각하지 말라.

하나님의 선교전략은
하나님의 것을 가지고
하나님의 방법으로
하나님이 문 열어주시는 것이다.

하나님은
우리가 만나야할 영혼을
미리 꺾어놓고 기다리게 하신다.

'그 때에 다메섹에 아나니아라 하는
제자가 있더니...'

그리스도를 만나고
그리스도의 마음을 가진
그리스도의 제자 아나니아에게
예수님은 친히 찾아가셔서
초대교회를 핍박하는 포악자 사울을
만나라고 명하셨다.

염려와 두려움, 낙심과 절망이 찾아올 때마다
24시간 그리스도에 집중하여
그리스도의 권능을 사용하지 않으면
영원한 하나님의 시간표를 놓치게 된다.

하나님은 우리에게
영원한 복음을 주셨으므로
응답과 승리는
이미 우리 앞에 놓여있다!

그리스도와 대화하고
그리스도에 집중하여
그리스도에 각인된 아나니아
항상 기뻐하고
쉬지 않고 기도하며
모든 일에 감사한 아나니아에게
하나님은
살기등등한 사울을 꺾어놓고
도와주라고 명하셨다.

선교는
복음의 내용도 없이
무작정 돌아다니는 것이 아니다.

우리가 진정으로
복음을 이해했다면

올바른 성령인도 속에서
자신에게 먼저 전도하여
옛사람과 옛 체질을 뽑아버리면
말씀에 입각하여
하나님의 일을 사모하게 된다.

하나님의 긍휼을 입어
질그릇처럼 깨어지기 쉬운 우리 속에
보배이신 그리스도를 담았으니
심히 큰 능력은
우리의 힘이 아닌, 하나님께로부터 오는 것이다.

나무그릇 질그릇이라 할지라도
자아를 깨끗이 하면
하나님이 귀히 쓰시는 그릇이 되어
모든 선한 일을 위하여
하나님은 우리를 준비시키신다.

하나님의 긍휼을 입고
하나님의 선한 일에 귀히 쓰임 받는 것이
진정한 선교다.

사도행전 9장 10절
고린도후서 4장 7절
디모데후서 2장 21절

하나님의 긍휼을 입은 그리스도의 포로 되어 - 6

기적 중의 기적은
우리가 하나님의 긍휼을 입어
하나님의 자녀로
하나님 나라에 등록되었다는 것이다.

하나님이 사랑으로 맺은 언약 안에서
하나님의 긍휼을 경험하면
예수 그리스도 한 분 만을
사랑하게 된다.

'유대인은 표적을 구하고
헬라인은 지혜를 찾으나
우리는 십자가에 못 박힌 그리스도를 전하니
유대인에게는 거리끼는 것이요
이방인에게는 미련한 것이로되
오직 부르심을 받은 자들에게는
유대인이나 헬라인이나
그리스도는 하나님의 능력이요
하나님의 지혜니라'

그리스도의 유일성을
몸과 마음에 각인시키면
재창조의 응답이 온다.

하나님의 온전한 사랑
그리스도 십자가 구속의 사랑을 누리면
모든 두려움이 사라진다.
사랑은 두려움을 내어 쫓는다.

그리스도의 긍휼을 입으면
어디에 있든
하나님의 음성을 듣는다.

'두려워하지 말라
내가 너와 함께 함이라
놀라지 말라 나는 네 하나님이 됨이라
내가 너를 굳세게 하리라
참으로 너를 도와 주리라
참으로 나의 의로운 오른손으로
너를 붙들리라'

하나님의 긍휼을 입은
주인공으로 살아라.

그리스도의 마음을 소유하면
마음이 기쁨으로 충만해지고
그리스도를 노래하는 혀는 즐거워지며
온몸이 소망으로 가득해진다.

고린도전서 1장 22~24절
요한일서 4장 18절
이사야 41장 10절
사도행전 2장 26절

하나님의 긍휼을 입은 그리스도의 포로 되어 - 7

성령 인도 따라가면
문제될 일이 없다.

신앙생활이 추상적이면
성경도 하나의 지식이 되어
결정적인 문제 앞에서
믿어보려고 몸부림치다가
어느 날 답답해져서
믿음의 근본부터 흔들린다.

신앙적 교만을 버려라.

하나님의 말씀이
살아서 작동하게 하라.

신앙생활은 실제상황이다.

마귀에게 미혹되지 말고
마귀를 대적하여
죄의 권세 지옥 권세 사망의 세력
재앙과 저주를 꺾어버리라는 것이
사도 야고보가 말하는 진리다.

진리로 자유케 하라.
행동하는 그리스도인이 되어라.

진리를 사랑하지 못하면
옛사람의 기준과 수준에 따라
기분과 감정에 휘둘리며 살게 된다.

달음질을 잘하다가
하나님께 순종치 못하게 우리를 가로막는 존재
하나님과 우리 사이를 이간하고 분리시킨 사탄은
추상적 철학적 감정적인 것으로
진리를 둔갑시켜서
우울증에 빠지게 만든다.

자신만을 위해서 힘쓰는 일을 청산하고
오직 복음, 완전 복음, 창세기 3장 15절로
사망에서 빠져나왔음을 고백하라.

하나님의 말씀은 마음의 거울이다.
날마다 거울에 자신을 비추어보고
감사의 미소를 잃지 말라.

초마다 분마다 시간마다
우리가 못 박고 조롱한 예수님이
우리의 주, 그리스도 되어주신 것에 대하여
감사하고 기뻐하라.

하나님의 긍휼을 힘입어
구원받은 하나님의 자녀가 되었다면
감정 따라 흔들릴 이유가 없다.

아무것도 염려하지 말고
육체의 일을 사실적으로 멸하라.
창세기 3장 15절, 메시아, 그리스도가
육신을 입고 이 땅에 오셔서
은혜와 진리로 충만하게 하신다.

독생하신 하나님, 그리스도가
우리 몸에서 나타나게 하여
많은 사람들을 미혹에서 돌아서게 하라.

하늘과 땅의 모든 권세를 가지고
모든 족속으로 가서
하나님의 긍휼을 베풀고 전하여
제자 삼으라.

예수님의 부활 이후, 감람산 메시지는
하나님이 우리에게 주신 사명 소명 천명이며
우리의 미래다.

야고보서 4장 7절
사도행전 2장 36절
요한복음 1장 14절
마태복음 28장 18~20절

하나님의 긍휼을 입은 그리스도의 포로 되어 - 8

하나님의 영에 감동되었던
요셉처럼
예수 그리스도 안에서
유일성의 응답과 재창조의 응답을 누리는
가장 행복한 순례자가 되어라.

바다의 모래보다 무거운 괴로움이 있을지라도
두려워하지 말라.
예수님이 오신 것은
화평을 주려함이 아니다.
검을 주러 오셨다.

여러 가지 기억들과
무서운 상처들이 마음에 각인되면
우리 몸에서 발작 증세가 일어나
인간관계는 무너지고
집안 식구마저 원수가 된다.

예수님이 주신 성령의 검으로
우리 속에서
솟구쳐 올라오는 강한 자, 뱀과 전갈을 밟아버려라.
원수의 모든 능력을 제어하라.
결단코 우리를 해칠 자가 없다.
우리 자신을 그리스도 이름으로
다스리지 못하면
인생 전체가 지저분해진다.

오직 창세기 3장 15절, 메시아, 그리스도를 담으라.
축복의 근원이 된다.

우리가 아직 연약할 때에
기약대로 그리스도께서
경건하지 않은 우리를 위하여 죽으셨고

우리가 아직 죄인 되었을 때에
그리스도께서 우리를 위하여 죽으심으로
하나님께서 우리에 대한 사랑을 확증하셨다.

우리가 하나님과 원수 되었을 때에
그리스도의 죽으심으로 말미암아
하나님과 화목하게 되었으니

우리 지체를 다스려
육신의 정욕과 안목의 정욕과
이생의 자랑을 끊어 버리고
모든 이들을 긍휼히 여겨라.
하나님이 사랑과 긍휼을 주신다.

예수 그리스도의 부활로 말미암아
하나님의 긍휼을 힘입어
산 소망 가운데
재창조의 응답을 누리는 하나님의 자녀는
행복한 순례자다.

창세기 41장 38절
마태복음 10장 34, 36절
누가복음 10장 19절
요한일서 2장 16절
마태복음 5장 7절
베드로전서 1장 3절

하나님을 사랑하는 영성을 가져야
아름다운 감성과 더불어 지성까지 겸비한
매력적인 그리스도인이 될 수 있다.

이 세상 신은
믿지 않는 자들의 마음을 혼미케 하여
몽롱한 정신 상태로 끌고 가서
통찰력과 분별력을 잃어버리게 만든다.

슬픔과 분노로 각인된 자아를
예수 그리스도 이름으로 바꾸는
영적 싸움의 수고 없이는
그 누구도 사랑할 수 없고
긍휼히 여길 수도 없다.

전에는
우리가 그리스도를 벗어나 있어
소망도 없고
하나님을 믿는 믿음도 없었으나

이제는
예수 그리스도의 보배로운 피를 힘입어
악한 양심으로부터 벗어나
맑은 물로 온 몸을 씻음같이 정결케 되었으니
예수 그리스도, 그 이름에
기뻐하고 감사하고 찬양하라.

'모든 끝이여
하나님께로 돌이켜 구원을 받으라
예수 그리스도 외에는
구원할 자가 없다'

예수 그리스도는
어제나 오늘이나 영원토록
동일하시다.

고린도후서 4장 4절
데살로니가전서 1장 3절
히브리서 10장 10~22절
이사야 45장 22절
사도행전 4장 12절
히브리서 13장 8절

하나님의 긍휼을 입은 그리스도의 포로 되어 - 10

거룩하신 하나님의
구별된 그 이름, 예수 그리스도를
믿지 않는 것이 죄다.

우리의 죄악이
바람같이 몰아가며
우리의 의는
잎사귀같이 시드는
더러운 옷 같으니
그리스도의 옷을 입어라.

이 땅에 의인은 하나도 없다.

하나님 영광 본체이시며
거룩하게 구별된 그 이름, 만물을 붙드시는
예수 그리스도의 핏값으로
구원받은 하나님의 자녀가 맞으면
자긍심을 가져라.

살아있는 하나님의 말씀을
마음에 담지 못하게 하여
불신앙과 두려움으로 끌고 가는
마귀의 일을
예수 그리스도 이름으로 멸하라.

하나님의 긍휼을 힘입어
옛 체질을 바꾸는 영적 싸움을 통하여
하나님의 나라를 건설하는 것이
진정한 회개다.

아무것도 염려하지 말고
세상의 빛, 그리스도를 간절히 사모하라.
더 이상 어둠에 다니지 아니하고
생명의 빛을 얻으리라.

요한복음 16장 9절
이사야 64장 6절
로마서 3장 10절
히브리서 1장 3절
마태복음 12장 28절
요한복음 8장 12절

Chapter 6

깊도다, 하나님의 지혜와 지식의 풍성함이여

마음이 청결한 자는
복이 있나니
그들이 하나님을 볼 것임이요

Blessed are the pure in heart,
for they will see God.
───────────────
Matthew 5:8

깊도다, 하나님의 지혜와 지식의 풍성함이여 - 1

지상 최고의 축복은
날마다
하나님을 만나고
매일 매시간
하나님의 얼굴을 보는 복을
이 땅에서도 누리는 것이다.

하나님을 아는 지식을 가지면
마음이 청결해지고
마음이 청결하면
하나님을 보는 복이 임한다.

하나님을 아는 지식
그 첫 번째는
'하나님은 살아계신다'이다.

어리석은 자는
'하나님이 없다' 하지만
살아계시는 하나님을 믿으면
낙심할 수 있는 현장에서도
스스로를 일으켜 세울 수 있는
강력한 힘이 온다.

하나님을 아는 지식이 없으면
변질되고 퇴보하지만

'하나님은 살아계신다'는
지식을 소유하면
매력적인 변화와 진보가 일어난다.

본래 하나님을 본 사람이 없으나
아버지 품속에 있는 독생하신 하나님이
우리에게 오셨으니
바로 예수 그리스도시다.

예수 그리스도는
하나님 아버지와 하나이시다.

그러므로 예수 그리스도를 만나는 순간
우리는 하나님을 보고 만난 것이다.

'깊도다
하나님의 지혜와 지식의 풍성함이여'

그리스도는 하나님의 지혜이며
하나님의 능력이다.

작은 일에 걸려들어
큰 것을 잃어버리게 만드는
마귀의 일을
예수 그리스도 이름으로 밀어내라.

십자가의 원수로 행하는
더러운 귀신을 내어 쫓으면
마음이 청결해진다.

마음이 청결하면
하나님의 나라가 임하여
날마다 하나님을 보고 만날 수 있다.

마음이 청결하여
날마다
하나님을 보고 만난 사도 베드로는
이렇게 고백하였다.

'다른 이로써는 구원을 받을 수 없나니
천하 사람 중에 구원을 받을 만한 다른 이름을
우리에게 주신 일이 없음이라'

마태복음 5장 8절
요한복음 1장 18절
요한복음 10장 30절
로마서 11장 33절
고린도전서 1장 24절
마태복음 12장 28~29절
사도행전 4장 12절

깊도다, 하나님의 지혜와 지식의 풍성함이여 - 2

하나님을 아는 지식으로 충만하라.

하나님의 마음에 합한 자라 일컬음을 받은
다윗은 하나님을 아는 지식으로 충만하여
그의 혈통을 따라
메시아, 예수 그리스도가 나셨다.

다윗의 고백을 보라.

'여호와는 살아 계시니
나의 반석을 찬송하며
내 구원의 하나님을 높일지로다.
이 하나님이 나를 위하여 보복해 주시고
민족들이 나에게 복종하게 해주시도다.
주께서 나를 원수들에게서 구조하시니
주께서 나를 대적하는 자들의 위에
나를 높이 드시고
나를 포악한 자에게서 건지시나이다.
여호와여 이러므로
이방 나라들 중에서 주께 감사하며
주의 이름을 찬송하리이다'

우리를 위해 싸우시는 여호와 하나님은
지금도 부활하신 예수 그리스도의 영, 성령으로
살아서 역사하신다.

갈등 속에 주저앉고
시험 앞에서 무너지며
세상의 언어, 사람의 소리를 듣고 낙심하게 만드는
이 모든 것을 사로잡아
예수 그리스도 이름으로 싸워 이겨라.

우리의 반석이시며
우리의 구원이시고
하나님의 자녀를 위해 싸우시는
만군의 여호와 하나님은
창세기 3장 15절, 사탄의 머리를 밟아버린 메시아
예수 그리스도시다.

구약의 창세기 3장 15절, 메시아를
신약의 예수 그리스도로 해석할 수 있는 힘이
하나님을 아는 지식이다.

'너희가 성경에서 영생을 얻는 줄 생각하고
성경을 연구하거니와, 이 성경이 곧 내게 대하여
증언하는 것이니라'

성경에 코를 박고 열심히 연구하는
유대인들에게 예수님이 직접 하신 말씀이다.

하나님을 정확하게 아는 지식이 있어야
마음이 청결하여
하나님을 보고 만난다.

사도행전 13장 22~23절
시편 18편 46~49절
요한복음 5장 39절

깊도다, 하나님의 지혜와 지식의 풍성함이여 - 3

급진적 변화를 체험하고 싶은가?

율법으로 심어놓은 종교 사상을
그리스도를 아는 지식으로 바꿔라.

다메섹에서
예수 그리스도를 만난 바울은
그리스도에 집중하는 아나니아의 전도를 통해
유대인이 십자가에 못 박아 죽인 예수가
그리스도이심에 대하여 배웠다.

바울이
구약의 메시아를
신약의 그리스도로 해석하는 지식을
배우고 확신한 순간
'즉시' 그 눈에서 비늘이 벗어지고
음식을 먹고 '힘을 얻어'
'즉시로'
'예수를 그리스도'라 증언하여
다메섹에 사는 유대인들을 당혹하게 하였다.

따지고 변명하고 핑계 대고 머뭇거리지 말라.
'즉시로' 예수가 그리스도이심을 증언하고 전도하라.
급진적 변화가 온다.

많이 배운 것 같고
많이 가진 것처럼 보이며
하나님을 누구보다 잘 믿는 것처럼 보이지만

그리스도의 신비를 소유하지 못하면
잔인무도했던 바울처럼
그리스도인들을 결박하여 옥에 가둔다.

그리스도의 지식 없이
신앙생활 잘한다고 착각하지 말라.
결국은 예수님을 핍박하는 것이다.

'사울아 사울아
네가 어찌하여 나를 박해하느냐 하시거늘
대답하되 주여 누구시니이까
이르시되 나는 네가 박해하는 예수라'

결말이 좋은 인생을 살고 싶다면
하나님의 신비, 전도를 가슴에 새겨라.

하나님께서는 전도의 미련한 것으로
믿는 자들을 구원하시기를 기뻐하셨다.

전도는 우리 몸과 영혼에 먼저
예수가 그리스도이심을 선포하는 것이다.

종교 사상을 굴복시킨 바울의 전도는
오직 예수 그리스도 안에서
자신의 옛사람을 쳐서 복종시키는
영적 싸움을 통해
그리스도만을 높이고 전하는 것이었다.

자칭 하나님 잘 믿는다고 하는 유대인은
표적을 구하고
많이 배운 헬라인은 지혜를 찾으나
구원받은 하나님의 자녀는
십자가에 못 박힌 그리스도를 전한다.

유대인에게는 거리끼는 것이고
이방인에게는 미련한 것이지만
오직 부르심을 받은 우리에게는
그리스도는 하나님의 능력이요
하나님의 지혜다.

이것이 하나님의 신비, 전도다.

진리는 두 개가 될 수 없다.
진리는 하나다.
백만 가지 문제의 답도 하나다.
해결책도 하나다.

그리스도의 권능에 무지하면
'주여 주여'만 찾다가
배운 것, 가진 것과 상관없이
말년에 쪼그라드는 인생을 산다.

그리스도의 반석 위에 굳게 서라.
종교 사상 율법 사상을 내어버리고
마음을 청결히 하라.
날마다 하나님을 보게 된다.

사도행전 9장 18~22절
사도행전 9장 3~5절
고린도전서 1장 21절
갈라디아서 2장 20절
고린도전서 1장 22~24절

깊도다, 하나님의 지혜와 지식의 풍성함이여 - 4

하나님은
두렵고 겁나는 여리고성을
무너뜨려놓고 거저 주지 않으셨다.

비록 두렵고 겁날지라도
하나님이 주신 언약을 가지고
여리고성 주위를 돌며 침묵하다가
일곱째 날 소리 지르라 명하셨다.

우리 삶의 여리고 성 앞에서
큰 소리로 외쳐라.

구하고 찾고 두드려라.

두려움에 떨지 말고
하나님의 형상, 그리스도를 구하라.

말씀이 육신이 되어 우리에게 오신
예수님은 마귀의 일을 멸하신
만왕의 왕, 그리스도시다!

뱀의 머리를 깨뜨려버린 메시아
창세기 3장 15절, 그리스도의 권능을 찾으라.

더러운 귀신을 쫓아내며
모든 병과 모든 약한 것을 고치는 권능
뱀과 전갈을 밟으며
원수의 모든 능력을 제어할 권능을 소유하라.
대적의 문을 취하라.
결단코 해칠 자가 없다.

두드려라.
두렵고 겁나는 여리고 성이 무너진다.

구하고 찾고 두드리면
지각에 뛰어난 평강의 하나님이
마음과 생각을 지키시고 보호하신다.

지금, 두려움에 떨면서 시달리고 있다면
아직도 사탄의 노예로 살고 있는 것이다.

평강의 하나님은
사탄의 머리를 밟아버리셨다.

하나님이 주신 것을
일인칭으로 가져라.

창조주 하나님은
하나님의 자녀에게
만물을 다스리는 창조의 축복으로
하나님의 형상, 하나님의 이미지를 주셨다.

우리 몸에서 하나님의 형상이 회복되면
평안과 번영과 승리가 온다.

이 세상 신, 사탄에게 미혹되어
정신이 몽롱해지면
하나님의 형상을 잃어버린다.
하나님의 형상은 그리스도다.

하나님의 절대 계획을
우리 삶의 현장에 연결시켜라.

하나님의 절대 계획은
사탄의 머리를 밟아버린
여인의 후손 메시아, 그리스도를 통하여
우리를 구원하시는 것이다.

문제 앞에서
하나님이 하실 것을 믿고

하나님의 시간표 속에서
하나님이 주신 것과 하나님의 절대 계획에
몰입하고 집중하여 자신을 변화시키면

지난날의 어려움이
이 시대와 현장과 미래의 재앙을 막을
하나님의 절대 계획이었음을 깨닫게 된다.

측량할 수 없는 하나님의 비밀
그리스도에 집중하면
마음이 청결해지고

마음이 청결하면
하나님이 나에게 주신 하나님의 형상
하나님의 이미지가 얼굴에 나타난다.
지금, 거울보고 확인해보라.

여호수아 6장 10절
마태복음 10장 1절
누가복음 10장 19절
창세기 22장 17절
마태복음 7장 7절
빌립보서 4장 6~7절
로마서 16장 20절
창세기 1장 26~27절
고린도후서 4장 4절
창세기 3장 15절
창세기 45장 1~5절

깊도다, 하나님의 지혜와 지식의 풍성함이여 - 5

하나님이
우리를 위해 준비해 놓으신
창세기 3장 15절, 그리스도의 약속이

성령의 내주 인도 역사 가운데
하나님의 권능으로
우리 몸에서 발산되면

두려움이 사라지고 평안이 온다.

하늘과 땅의 모든 권세를 가지신
예수 그리스도께서
세상 끝날까지 우리와 함께 하시겠다고
약속하셨다.

우리를 구원하신 오직 복음
예수는 그리스도

십자가 죽음으로
모든 문제를 끝내주신 완전 복음
예수는 그리스도

우리와 영원토록 함께 하시며
이 시대의 재앙과 미래의 재앙을 막아주시는
영원한 복음
예수는 그리스도.

하나님이 나에게 주신
오직 복음 완전 복음 영원한 복음을
일인칭으로 소유하지 못하면

사람 말에 넘어지고
세상 말에 낙심하여
슬픔과 고독과 절망의 늪으로 빠져든다.

생각의 틈을 타고 들어와
인생의 길을 막는
마귀의 일을 멸하시고
사탄의 머리를 밟아버린 분이
예수 그리스도시다.

그리스도의 영으로 충만하라.
무엇이든지 구하는 대로 받게 되어
우리 기쁨이 충만해진다.

육체의 일을 예수 그리스도 이름으로
끊어버려라.

육체의 일은 분명하니
곧 음행과 더러운 것과 호색과 술 취함과 방탕과
우상숭배로
귀신들린 자들과 접신함으로
헛된 영광만을 위하여 서로 노엽게 하고
투기하는 것이다.

육체의 일을 끊어버려야
마음이 청결해진다.

지금, 자신에게 선포하라.

'사망의 잠을 자는 영혼아
사망아 질병아 무능아 가난아
예수 그리스도 이름으로 명하노니
묶임 받고 저주받고 산산이 무너질지어다!'

육체의 일이 떠나가고 마음이 청결해지면
몽롱한 상태에서 벗어나
날마다 하나님의 얼굴을 보고 만나는
지상 최고의 축복이 온다.

요한복음 14장 14절
요한복음 16장 24절
갈라디아서 5장 19~21, 26절
마태복음 28장 18~20절

깊도다, 하나님의 지혜와 지식의 풍성함이여 - 6

하나님이 주신 복음이
우리 인생의 배경이 되게 하라.

복음의 배경 속에서
우리 삶이 존재할 때
아름답고 멋있는 인생으로 날마다 진보한다.

자신만을 이기적으로 사랑하면
하나님의 깊은 사랑도 깨달을 수 없고
형제를 사랑할 수도 없다.

'너희가 진리를 순종함으로
너희 영혼을 깨끗하게 하여
거짓이 없이 형제를 사랑하기에 이르렀으니
마음으로 뜨겁게 서로 사랑하라'

진리이신 그리스도께 순종하라.

인생의 한계 앞에서
얄팍하게 잔머리 쓰는 원죄적 체질을
그리스도 이름으로 무너뜨리는
영적 싸움이 있어야
비로소 영혼이 깨끗하게 되어
서로 사랑할 수 있다.

'예수께서 그리스도이심을 믿는 자마다
하나님께로부터 난 자니
또한 낳으신 이를 사랑하는 자마다
그에게서 난 자를 사랑하느니라'

하나님을 사랑하는 것은
그의 계명들을 지키는 것이다.
하나님의 계명들은 무거운 것이 아니다.

무릇 하나님께로부터 난 자는
믿음으로 세상을 이긴다.

들은 바 그 말씀이
우리에게 유익하지 못한 것은
들은 말씀을
믿음과 결부시키지 않아서이다.

믿음으로 사랑하면
모든 것을 참으며
모든 것을 믿으며
모든 것을 바라며
모든 것을 견딘다.

베드로전서 1장 22절
요한일서 5장 1절
히브리서 4장 2절
고린도전서 13장 7절

깊도다, 하나님의 지혜와 지식의 풍성함이여 - 7

이 땅에서
마음껏 뜨겁게 서로 사랑하라고

우리를 창조하시어
그리스도의 영, 하나님의 이미지를
우리 몸에 심어주신 분이
하나님이시다.

'새 계명을 너희에게 주노니
서로 사랑하라
내가 너희를 사랑한 것 같이
너희도 서로 사랑하라'

세세무궁토록 영원한 하나님의 말씀을
삶 속에서 실천하면
전무후무한 응답을 받는다.

우리가 그리스도 안에서 거듭난 것은
썩어질 씨로 된 것이 아니요
썩지 아니할 씨로 된 것이니
항상 살아있는 하나님의 말씀으로 되었다.

모든 육체는 풀과 같고
풀은 마르고 꽃은 떨어지되
오직 주의 말씀은 세세토록 있도다 하였으니
우리에게 전해진 복음이
곧 하나님의 말씀이다.

하나님의 말씀, 복음을 부끄러워하지 말라.
복음은
믿는 우리에게 구원을 주시는
하나님의 능력이다.

'복음에는 하나님의 의가 나타나서
믿음으로 믿음에 이르게 하나니
기록된 바 오직 의인은 믿음으로 말미암아
살리라 함과 같으니라'

창세기 3장 15절,
원시 복음의 비밀을 깨달은 노아는
하나님의 은혜가 그의 삶에 임하여
하나님과 늘 동행함으로
당대에 의인이 되었다.

잠깐 보이다가 사라지는
나그네 인생길에서
하나님과 동행하는
복음의 순례자가 되어라.

서로 사랑하되
예수 그리스도 안에서
뜨겁게 사랑하라.

하나님을 사랑하고
이웃을 사랑할 때
우리 얼굴에 하나님의 얼굴, 하나님의 형상
예수 그리스도의 모습이 나타난다.

우리 마음을 혼미케 하는 이 세상 신, 마귀는
우리 얼굴에서 하나님의 이미지를 빼앗아간다.

요한복음 13장 34절
베드로전서 1장 23~25절
로마서 1장 16~17절
창세기 6장 8-9절
고린도후서 4장 4절

Chapter 7

넓고 큰 마음을 지닌 대장부 되어

화평하게 하는 자는
복이 있나니
그들이 하나님의 아들이라
일컬음을 받을 것임이요

Blessed are the peacemakers,
for they will be called sons of God.

Matthew 5:9

넓고 큰 마음을 지닌 대장부 되어 - 1

작은 오해가 심령 속에 파고들어
갈등과 편견을 일으켜서
인간관계를 파괴시키는
사탄의 칼춤에 놀아나지 말라.

사탄의 칼춤에 휘둘리면
조급함과 불안함, 염려와 두려움에 시달려
잘난 사람 찾아다니며 도움 구하다가
오히려 상처만 받는다.

창세기 3장에 출현하여
하나님과 우리 사이를 분리시키고
아담과 하와의 가정을 분열시킨 뱀의 머리를
창세기 3장 15절, 오직 복음으로 무너뜨리는
영적 싸움의 비밀이 없으면

이 세상 신, 사탄에게 미혹되어
몽롱한 정신 상태로 유리방황하다가
스스로 죽든지 남을 죽이든지
자신이 미치든지 남을 미치게 한다.
심지어, 금이야 옥이야 키운 자식도
한 집안 식구마저도 원수로 살게 된다.
사탄이 부추기는 욕망의 칼춤을 멈추어라.

사탄의 머리를 밟아버린 샬롬의 왕
창세기 3장 15절, 메시아 그리스도를 일인칭 하여
우리 안에서 성령의 권능이 발산되면
사탄의 칼춤이 멈추게 된다.

하나님이 우리에게 주신 것
창세기 3장 15절의 비밀
절대 복음, 메시아 그리스도를 구하라.
얻을 것이다.

찾으라.
잃어버렸던 그리스도의 권능을
찾게 될 것이다.

두드려라.
하나님과 우리 사이를 막고 있던
흑암의 담이 무너지고
화평의 문이 열릴 것이다.

풀은 마르고 꽃은 시드나
하나님의 말씀은 영영히 살아계신다.

살아계신 하나님의 말씀은
좌우에 날선 검보다 예리하여
우리의 영과 혼과 관절과 골수를 찔러 쪼개어
몸과 마음과 생각의 악성 종양을 제거하신다.

말씀이 육신이 되어 우리에게 오신
예수 그리스도의 절대 복음을
우리의 언약으로 붙잡으면
은혜와 진리로 충만해져서
배려도 되고 용서도 되고 사랑도 되어
화평케 하는 자의 복이 임한다.

하나님의 아들이라 일컬음을 받게 되리라.

고린도후서 4장 4절
마태복음 10장 36절
요한복음 1장 14절
요한복음 7장 7절
이사야 40장 8절
히브리서 4장 12절
요한복음 1장 14절
마태복음 5장 9절

넓고 큰 마음을 지닌 대장부 되어 - 2

어떻게 해야
하나님과의 관계가 회복될 수 있을까?

이성과 상식으로만 살다가
우리 자신을 바꾸지 않으려는 육신적인 생각
비교의식과 경쟁의식, 피해의식 속에서
깊숙이 각인된 상처로 인해
어두워지고 답답해진
인간관계를 어떻게 회복할 수 있을까?

먼저
축복의 근원을 찾아내라.
우리 영혼이 살 길이다.

하나님은
깨어진 관계를 회복하라고
축복의 근원, 창세기 3장 15절, 메시아를
보내주시겠다고 약속하셨다.

구약의 선지자들을 통해서 기록된
언약의 성취자로 예수 그리스도를
이 땅에 보내주셔서
영적 싸움의 비밀 무기를 우리에게 주셨다.

하나님과 우리 사이를 분리시켜서
서로 용서하지 못하고, 사랑하지 못하게 하여
우리 삶을 미움과 상처로 끌고 가는
사탄의 머리를 깨뜨리는 것이 영적 싸움이다.

이성과 상식의 잣대로
심판하고 정죄하다가 미쳐가게 만드는
사탄과의 영적 전쟁에서 승리하면
전무후무한 응답이 온다.
인간관계가 회복되고 만남의 축복을 통해서
빛의 경제도 회복된다.

아브라함은
축복의 근원이신 메시아를 믿음으로
젖과 꿀이 흐르는 가나안을 정복하였다.

하나님은
가나안을 향해 걸어가는
우리 인생의 여정을 위해
길이 되어주시는
예수 그리스도의 동행을 약속하셨다.

우리 앞길을 막는 마귀의 일을 멸하시고
자유케하신 예수 그리스도.

사망 상태에서 우리를 일으켜주시는
생명의 주, 예수그리스도.

예수 그리스도 이름으로 무엇이든지 구하면
하나님은 시행하신다.

예수 그리스도의 사랑과 용서로
구원받은 하나님의 자녀, 빛의 자녀가 되었다면
마음과 생각을 장악한 어둠부터 밀어내라.
넓고 큰 마음을 소유한 대장부가 되어라.

축복의 근원을 찾아낸 다윗은
그의 아들 솔로몬에게 당부하였다.

'사랑하는 아들, 솔로몬아
힘써 대장부가 되어라.
넓고 큰 마음을 가져라'

하나님의 말씀에 의지하여 기도 속에 있으라.
깨어졌던 관계가 회복된다.

예수 그리스도 안에서
깨어졌던 관계가 회복되면
악마에게 빼앗겼던 모든 것을
되찾아올 수 있다.

창세기 26장 19절
요한복음 14장 6절
요한복음 14장 14절
열왕기상 2장 2~3절

넓고 큰 마음을 지닌 대장부 되어 - 3

문제와 위기를
축복의 기회로 대역전시켜라.

하나님은
홍해를 갈라놓고 기다리지 않으셨다.

앞에는 홍해, 뒤에는 애굽의 군대로
앞뒤를 막아놓고 기다리셨다.

두려워 말라.
만군의 여호와, 샬롬의 왕이
우리를 위해
어떻게 싸우시는지를 보라.

하나님은
평강의 왕, 예수 그리스도 이름으로
기도하면 응답하신다고 약속하셨다.

예수 그리스도, 그 이름 하나로
영적 위기에서 벗어나라.

하나님 앞에서의 절대 여정은
하나님이 우리에게 주신 방법으로 걸어갈 때
쉽고 가벼워진다.

하나님의 방법으로 산다는 것은
예수 그리스도 안에서
하나님의 자녀 된 신분 권세를
누리며 사는 것이다.

하나님의 자녀 된 신분 권세로 살지 못하면
축복의 대열에서 이탈된다.

하나님은
하나님의 자녀가 이탈하는 것을 막으려고
예수 그리스도를 보내신 것이다.

다른 이름으로는
구원을 받을 수 없다.

절대 복음, 완전 복음, 영원한 복음으로
우리에게 오신
예수 그리스도를 영접하여
마음과 생각 속에
창세기 3장 15절, 오직 복음을 확고히 하면
치유의 역사가 일어난다.

온몸이 썩어 들어가던
아람의 군대장관 나아만은
창세기 3장 15절의 언약을 알고 있었던
어린 소녀를 만나 치유되었다.

죽었던 다비다는
절대 복음, 완전 복음에 확고히 결론 낸
사도 베드로를 만나 살아났다.

8년 동안 중풍병으로 시달렸던 애니아에게
하나님은 말씀하신다.

'애니아야
예수 그리스도께서 너를 낫게 하시니
일어나 네 자리를 정돈하라'

사망의 잠에서 깨어나라.
무기력과 무능의 자리에서 일어나 걸으라.
창세기 3장의 운명적 저주에서 벗어나라.

자리를 정돈하고 일어나
그 자리에 다시는 돌아가 앉지 말라.
운명적 저주로 주저앉아 있었던
과거로 돌아가지 말라.

사망이 공격하지 못하게 하라.
사망의 쏘는 것은 율법이요
율법은 죄의 권능이다.
마귀는 율법으로 하나님의 자녀를 흔들어
정죄하고 무너뜨린다.

그리스도 안에서 자아를 죽이면
사망은 더 이상 공격하지 못한다.

세상의 권력과 힘과 명예를 가지고도
사망의 잠을 자고 있었던
군대장관 나아만을 깨워 일으킨 것은

노예로 끌려온 어린 소녀가
확고히 소유했던
창세기 3장 15절의 절대 복음이었다.

위기를 역전의 기회로 바꿔라.

세상 끝 날까지 우리와 함께 하시는
평강의 왕, 그리스도의 증거를 가지고 전도할 때
화평케 하는 자의 복을 누릴 수 있다.

하나님은 전도의 미련함 속에
구원과 역전의 비밀을 숨겨놓으셨다.

측량할 수 없는 전도의 비밀 속에는
하나님과 우리 사이를 막고 있었던
흑암의 담을 무너뜨리는 힘과
화평케 하는 자의 복이 담겨있다.

출애굽기 14장 14절
열왕기하 5장 14절
사도행전 9장 34, 40절
열왕기상 2장 2~3절
고린도전서 15장 31절
고린도전서 55~56절
고린도전서 1장 21절

넓고 큰 마음을 지닌 대장부 되어 - 4

사람의 말, 세상의 말은
듣고 기억하고 시달리면서

하나님의 말씀에는
관심도 없고 힘도 얻지 못하는
이유가 있다.

우리 심령 속에
두려움을 심고
생각과 마음 속에
하나님이 없다고 속여서
기쁨과 기도와 감사를 빼앗아가는 존재
눈에 보이지 않는 강한 자가
우리를 미혹하여
몽롱한 상태로 끌고 가기 때문이다.

잘난 척, 의로운 척, 오해와 편견을 가지고
예수님을 조롱하고 배척하는 바리새인들에게
예수님이 직접 말씀하신 진단과 해답을 보라.

'하나님의 성령을 힘입어 귀신을 쫓아내는 것이면
 하나님의 나라가 이미 너희에게 임하였느니라'

우리 속에서
하나님께 반역을 일으키는 강한 자
마음과 생각을 괴물로 만드는 더러운 귀신을
결박하여 내어 쫓으라.
성령의 내주 인도 역사 속에서 성령의 권능이 발산되면
우리 몸에 천국이 임한다.

하나님은 의심을 심거나
갈등을 심는 분이 아니시다.

원죄, 자범죄, 가문에 흐르는 죄로 인해
하나님의 영광에 이르지 못하는
우리를 속량하시려고
예수 그리스도를 보내시어
십자가의 보배로운 피로 화목 제물을 삼으셨다.

우리 안에 창세기 3장 15절, 샬롬의 왕
그리스도의 비밀이 없으면
아침저녁으로 물어뜯는 괴물이 공격한다.

창세기 3장에 출현한 이 괴물은
세상의 권력이나 쾌락이나 돈으로
절대 해결이 안 된다.

괴물의 불화살을 맞고 상처받기 전에
지금 시작하라.

마귀의 일을 멸하신 평강의 왕,
예수 그리스도를 영접하라.

질병의 저주와 죽음의 공포로 괴롭히는
흑암덩어리를
생명의 빛, 그리스도께서 깨뜨려버리신다.

우리는
오직 복음 , 그리스도 이름으로만
치유될 수 있고

십자가 죽음으로
두려움과 저주 재앙을 끝내주신
절대 복음, 예수 그리스도 이름으로만
일어설 수 있다.

세상 끝날까지
동행하시는 영원한 복음, 샬롬의 왕
예수 그리스도의 사랑과 긍휼을 힘입어야만
괴물에게 휘둘리는 삶에서 벗어날 수 있다.

살아계신 하나님이 주신 힘과 증거를 가지고
낙심해서 무너져 있는 영혼을 세우고 살리는
전도 제자의 삶을 살면
화평케 하는 자의 복이 임하여
하나님의 아들이라 일컬음을 받는다.

마태복음 12장 28절
마태복음 12장 24, 28~29절
로마서 3장 23~25절
사도행전 9장 34, 40절
열왕기상 2장 2~3절

넓고 큰 마음을 지닌 대장부 되어 - 5

하나님은
평화를 만드는 우리에게
하나님의 아들이라 일컬음을 받는 복을 주신다.

예수 그리스도의 계시도 없이
자기 존재를 드러내려 하고
귀족화하여 잘난 척하면

다른 사람의 마음과 생각을
왜곡하거나 무시하는 교만한 기준과 틀에 매여
편견과 갈등, 분열을 일으킨다.

하나님 아는 것을 대적하여 높아진
기준, 수준, 고집, 사상, 이론을 사로잡아
그리스도께 복종시켜라.

틀린 것, 잘못된 것은
하나님이 알아서 심판하신다.

정죄하는 생각을
기도하는 마음으로 바꿔라.

기도하는 몸과 마음이 되면
우리 속에서 생명의 빛과 사랑의 빛이 발산된다.

우리는
마귀와 변론하는 존재가 아니라,
마귀의 일을 멸하는 하나님의 자녀다.

미가엘 천사장도
마귀와 변론하지 않았다.
주께서 꾸짖어주시기를 원했을 뿐이다.

정죄하고 비판하는 괴물로 살지 말라.
비판하는 그것으로 비판을 받고
그 헤아림으로 헤아림을 받는다.

샬롬의 왕, 그리스도께서는
진실을 알고 계신다.

하나님께 반역을 일으킨
사탄의 칼춤과 마귀의 변론을
평강의 왕, 예수 그리스도 이름으로 무너뜨려라.

사도 요한은
예수 그리스도의 계시와 증거
곧, 자기가 본 것을 증언하였다.

화평케 하는 자, 생명 살리는 복음의 전달자로 살아라.

예수 그리스도를 땅끝까지 전파하겠다는
하나님의 사명과 절대적 소명이
존재 이유가 되게 하라.

이 땅에서 병들지 않고, 죽지 않고, 살아있는 이유는
예수 그리스도의 계시와 증거를 가지고
화평케 하는 존재로 살라는 하나님의 사명 때문이다.

평화를 만드는 우리에게
하나님은 복을 주시고
우리를 안전하게 지키기를 원하시며
은혜를 베풀어 미래를 보장하신다.

우리를 향하여
하나님이 얼굴을 드시고
평강을 주신다.

하나님은
그 평강을 가지고
예수 그리스도 이름으로
땅끝까지 가기를 원하신다.

우리가 가는 곳마다
하나님은 그 자손에게까지
복을 주신다고 약속하셨다.

고린도후서 10장 4~5절
요한일서 3장 8절
유다서 1장 9절
마태복음 7장 2절
로마서 16장 20절
요한계시록 1장 1~2절
민수기 6장 24~27절
열왕기상 2장 2~3절

넓고 큰 마음을 지닌 대장부 되어 - 6

진리의 말을 하여도 알아듣지 못하여
예수님을 배척하고 십자가에 못 박았던
유대 종교 지도자들, 바리새인처럼 살지 말라.

'이 사람이 마리아의 아들 목수가 아니냐 하고
예수를 배척한지라'

유대인, 바리새인이 못 박은 예수님을
하나님은 우리의 주와 그리스도가 되게 하셨다.

예수님을 그리스도로 고백하면
성령님의 위로와 평안으로 든든히 서 가는
반석 같은 교회가 되어
음부의 권세가 결단코 해치지 못한다.
이 땅에서 매고 푸는 천국열쇠의 비밀이
그리스도 안에 있다.

오해와 편견으로 갈등을 일으키는
마음과 생각의 악성 종양을 제거하라.

'그들의 말은 악성 종양이 퍼져나감과 같다'

'누가 철학과 헛된 속임수로 사로잡을까 주의하라
이것은 사람의 전통과 세상의 초등학문을 따름이요
그리스도를 따름이 아니다'

그리스도를 추상화하거나 지식화하면
사탄의 미혹을 받아
진리에서 떠나게 되어
어느 날 닥쳐온 문제 앞에서 무너져버린다.

하나님의 비밀인 그리스도를 깨달으면
그리스도 안에 있는
지혜와 지식의 모든 보화를 소유하게 됨으로
마음에 위안과 평안이 오고
사랑 안에서의 연합과 이해의
모든 풍성함을 누리게 된다.

그리스도는 죽은 자 가운데서
부활하시어 잠자는 자들의 첫 열매가 되셨다.

예수 그리스도께서
죽음을 이기고 부활하셔서 모든 문제를 끝냈다는
절대 복음이 곧, 십자가의 도다.

십자가의 도가
멸망받는 자들에게는 미련한 것이지만
구원 받은 하나님의 자녀에게는 하나님의 능력이다.

창세 전에 우리를 택하사
그리스도의 사랑 안에서 구별하여
하나님의 기쁘신 뜻대로
거룩하고 흠 없는 하나님의 아들로 삼으셨으니
예수 그리스도의 피로 말미암아
우리는 이제, 깨끗하게 되었다.

예수 그리스도의 피로 구별되어 거룩하게 되었으니
화평케 하는 그리스도의 제자로 살면
더 이상 어둠에서 헤맬 일이 없다.

간음한 여인은 돌에 맞아 죽을 위기의 현장에서
그리스도를 만나 생명의 빛을 얻었으며

8년 동안 중풍병에 걸려있던 애니아는
그리스도를 확고히 믿는 믿음으로
고통스런 옛 자리를 정돈하고 일어났다.

38년 동안 베데스다 연못가에서
노예근성, 거지근성으로 살았던 병자는
예수 그리스도를 만나자마자 자리를 들고 일어섰다.
남편을 다섯이나 두고도 번민과 사색에 빠져 목말랐던
우물가 사마리아 여인은 그리스도를 만나고
그 배에서 생수의 강이 흘러 넘쳤다.

과거의 체질을 청산하고 일어나라.

예수 그리스도를 영접하면
하나님의 자녀 된 신분과 권세를 누리게 된다.

육신적 기준과 세상의 방법으로 살았던
옛 체질을 벗어버리면
모든 것을 가르치고 생각나게 하시는
보혜사 성령님의 능력이
우리 안에서 작동하고 발산되어
깨어졌던 관계가 회복되는 증거가 온다.

이것이 하나님의 아들이라 일컬음을 받는
복의 비밀이다.

마가복음 6장 3절, 사도행전 2장 36절, 마태복음 16장 16절, 디모데후서 2장 17절,
골로새서 2장 8절, 골로새서 2장 2~3절, 고린도전서 15장 20절, 고린도전서 1장 18절,
에베소서 1장 4~8절, 요한복음 5장 8절, 요한복음 1장 12절, 요한복음 14장 26절

넓고 큰 마음을 지닌 대장부 되어 - 7

억지로 하지 말고
기꺼이, 자원하는 마음으로
화평케 하는 일에 힘쓰라.

홍해가 가로막혀있어도
험난한 광야 길을 가더라도
견고한 여리고성이 막아서도
언약의 힘과 기도의 힘을 가지면
문제될 것이 없다.

젖과 꿀이 흐르는 가나안이
우리를 기다린다.

언약의 흐름을 타라.

유월절의 의미를 알면 문제와 재앙이 넘어가고
성령의 인도와 충만 속에
오순절과 수장절의 축복이 온다.

오직 복음으로 미래를 대비하라.

이스라엘은 영적 대비가 없어
430년 동안 애굽의 노예로 전락하였다.
기도하는 몸으로, 기도하는 마음으로 바꾸지 않으면
사탄에 길들여진 강한 자의 노예로 전락한다.

강한 자가 던져주는
욕망의 칼춤을 멈추게 하는 비밀은
사탄의 머리를 밟아버린
평강의 왕, 그리스도 안에만 있다.
이것이 완전 복음이다.

싸우지 않고 이기는 비밀은
오직 복음, 절대 복음, 영원한 복음 안에 있다.

일어나 그리스도의 빛을 발하라.
캄캄함이 만민을 가린 어둠의 문화를
생명 살리는 문화, 가슴을 따뜻하게 하는 문화
빛의 문화로 바꿔라.

하나님이 원하시는
문화를 만들어내는데 기꺼이 자원하면
나라들과 왕들이
생명의 빛, 그리스도께 나아오고
먼 곳 사방에서 무리들이 안기어오므로
마음이 놀라고 화창하며
바다의 풍부와 이방 나라의 재물이
빛의 자녀들에게 밀려온다.

화목케 하는 일에 기꺼이 자원하면
빛의 경제를 회복하는 축복이 온다.

베드로전서 5장 2절
출애굽기 3장 18절
이사야 60장 1~5절

스스로 질문해보라.
응답의 전환점이 있는가.

그리스도의 영이 우리 몸에서 작동하면
인생에 진정한 작품을 남길 수 있다.

구원의 큰 강물이 흐르고 있는데
어찌하여 메마른 골짜기를 헤매고 다니는가.

찾으라.
가까이 계실 때에 여호와 하나님의 그 이름
예수 그리스도를 불러라.

하나님의 영, 그리스도의 영으로 인도함을 받으면
하나님의 아들이라 일컬음을 받는다.

더 이상 무서워하는 종의 영을 받지 아니하고
양자의 영을 받았으므로
하나님을 아빠 아버지라고 부를 수 있다.

부활의 영, 성령께서 친히 우리의 영과 더불어
하나님의 자녀인 것을 증언하시므로 모든 문제 끝이다.

그리스도는 창세전부터 미리 예언되어
말세에 우리를 위하여 나타내신 바 되었으니
죽음을 이기고 살아나신 그리스도께만
오직 믿음과 소망이 있다.

진리이신 그리스도께 순종하라.
영혼을 깨끗이 하여 거짓 없이 형제를 사랑하라.
화평케 하면 하나님의 아들이라 일컬음을 받는다.

사랑하되 마음으로 뜨겁게 사랑하라.

우리가 거듭난 것은
썩어질 씨로 난 것이 아니다.
썩지 아니할 씨, 항상 살아 움직이는 하나님의 말씀
말씀이 육신이 되어 우리에게 오신
그리스도로부터 난 것이다.

그리스도 없이는 응답의 전환점도 없다.

이사야 55장 6절
로마서 8장 13~14절
베드로전서 1장 20~23절

영적으로 묶이고
정신적으로 시달리고
육신적 질병으로 매였던 것들로부터
치유되는 힘은
오직 여호와 하나님께로부터 나온다.

하나님이
운명적 포로 상태에서 빠져나오라고
우리에게 주신 것
창세기 3장 15절, 메시아, 그리스도 이름으로
모든 것이 치유되면 꿈꾸듯 행복해진다.

그 때에
우리 입에는 웃음이 가득하고,
혀에는 찬양이 흘러넘치므로
하나님께서 우리를 위하여 큰일을 행하셨다고
모든 이들이 증거한다.

베드로의 전환점은
유대인이 십자가에 못 박은 예수님이
구주와 그리스도이심을 선포할 때부터 시작되었다.

하나님의 증거를 전할 때에
말과 지혜의 아름다운 것으로 말하지 않고
오직 예수 그리스도와
십자가에 못 박히신 것 외에는
아무것도 말하지 아니하기로 작정한
바로, 그 지점이
사도 바울의 진정한 전환점이 되었다.

진정한 치유의 능력과 응답의 전환점은
예수 그리스도가 일인칭 복음이 되어
머리에서 가슴으로 내려올 때 시작된다.

영세 전부터 감추어졌다가 우리에게 찾아온
원시 복음, 창세기 3장 15절의 주인공, 그리스도를
일인칭 복음으로 회복할 때
로마서 16장에 기록된 주역 제자들처럼
성경에 기록될 만큼,
멋있고 매력적인 삶을 살게 된다.

시편 126편 1~2절
사도행전 2장 36절
고린도전서 2장 1~2절
로마서 16장 25절

넓고 큰 마음을 지닌 대장부 되어 - 10

살아가는 동안 일어나는 소소한 일까지도
하나님의 지혜로 해석하면
진정한 이해와 평안이 온다.

하나님의 자리에 앉아, 하나님 보다 앞서서
문제를 해결하려고 몸부림치지 말라.

하나님의 생기가
몸과 마음에 먼저 들어와야
마른 뼈 같은 삶에 생기가 일어나고
하나님의 말씀으로 불이 붙어야
성령의 역사가 바람같이 일어난다.

위로부터 내려오는 성령의 능력이 임하면
무능, 가난, 질병, 완악함이 무너지고
재창조, 재생산의 역사가 시작된다.

복음으로만 시작하라.
평강의 하나님은
사탄의 머리를 깨뜨리시는 하나님이시다.

우리 수준과 생각의 테두리에서 벗어나
하나님의 살아있는 말씀을 각인시키고
뿌리내리고 있으면
예수 그리스도의 은혜가 임한다.

해답과 힘을 주시는 하나님의 언약,
예수 그리스도 안에는
꿈과 비전, 하나님의 이미지와
하실 일이 들어 있어서
모든 응답이 그로부터 흘러나온다.

주변으로부터 오는 갈등을 차단하라.

사람의 말, 세상의 말을 차단하고
골방에 들어가 은밀한 중에
우리 기도를 들으시는 하나님께 아뢰어라.

3가지를 기억하면서
하나님의 시간표가 오기를 기다려라.

첫째
그 누구와도 원수 맺지 말라.

원수라 할지라도 예배에 성공하도록 도와주어라.
재물 때문에 분쟁이 일어났다면
보물을 먼저 제단에 올려놓고, 찾아가서 화목하라.

둘째
먼저 하나님의 나라와 의를 구하라.
고집과 수준과 편견을 벗어나 하나님께 순종하면
모든 필요를 더하시고 채우신다.

셋째
자신의 눈에 들어있는 들보를 보라.
하나님의 주권을 믿지 않는
불신앙의 들보
하나님의 말씀에 동의하지 않는 들보
마음 깊은 곳에 똬리를 틀고 있는
욕심쟁이 들보를 먼저 살핀 후에
예수 그리스도 안에 있는
지혜를 구하고 찾고 두드려라.

예수 그리스도 안에서
구하고, 찾고, 두드리면
좁아터진 삶의 테두리에서 벗어나
237 나라, 세계복음화, 흩어진 자를
복음 안으로 모으는
디아스포라 미션의 원대한 문이 열린다.

로마서 16장 20절
마태복음 5장 24절
마태복음 6장 33절
마태복음 7장 7절

넓고 큰 마음을 지닌 대장부 되어 - 11

눌림을 누림으로 바꾸는
화평의 복음은
그리스도 예수 안에서 누리는 예배의 축복에서
흘러나온다.

그리스도의 피로써
하나님과 우리 사이에 막힌 담을 헐어 버리시고
원수 되었던 모든 것을 십자가로 소멸하셔서
우리에게 평안을 주시는 하나님.

이제는
예수 그리스도의 십자가로
하나님과 우리가 하나 되어 화목하게 되었으니
평화를 만드는 전도 제자의 삶을 살아라.

성령을 기름 붓듯 부어주시는 그리스도의 권세로
옛사람의 모든 생각과 기준, 옛 틀을 깨어버리고
하나님의 말씀에 순종하라.

베드로는
이방인에 대한
편견, 율법과 전통, 규범과 습관, 갈등을
하나님 앞에 모두 다 내려놓고
하나님의 말씀 앞에 절대 순종하였다.

'하나님께서 깨끗하게 하신 것을
네가 속되다 하지 말라'

유대를 지배하는 이방인, 로마의 백부장을 만난
베드로는 고백하였다.

'참으로 하나님은
사람의 외모를 보지 아니하시고
각 나라 중 하나님을 경외하며
의를 행하는 사람은 다 받으시는 줄 깨달았노라'

하나님의 눈은 의인을 향하시고
하나님의 귀는 의인의 간구를 들으신다.

'하나님이
나사렛 예수에게
성령과 능력을 기름 붓듯 하셨으매
그가 두루 다니시며 선한 일을 행하시고
마귀에게 눌린 모든 사람을 고치셨으니
이는 하나님이 함께 하셨음이라'

누림을 체험한 전도자, 베드로를 만난
고넬료와 온 집은
화평의 복음을 들은 후
가장 행복하고 기쁘고 영광스러운
예배의 날을 맞이하였다.

마귀에게 눌린 영적인 병, 고질병
가문에 흐르는 질병은
눌림을 누림으로 바꾸는 화평의 복음
그리스도 예수의 능력으로만 치유가 가능하다.

에베소서 2장 13~17절
사도행전 10장 15절
베드로전서 3장 12절
사도행전 10장 38절

복음의 시인이 되어라.
복음의 시인은
생명 살리는 시를 쓴다.

경쟁자 없는 축복을 받아 누린 다윗은
온 회중 앞에서 하나님의 영광과 승리와 위엄을
시로 찬양하였다.

하나님이 목자시면
결코 부족함이 없는 영원한 응답이 온다.
살아계신 하나님은
우리의 삶을 완벽하고 안전하게 인도하신다.
날마다 우리 영혼을 소생시켜주시는
하나님을 찬양하라.

사망의 음침한 골짜기로 다닌다하여도
해칠 자 없다.
원수의 목전에서 풍성한 상을 차려 주시고
기름으로 머리에 부어주시니 잔이 넘쳐흐른다.

우리의 주, 우리의 목자 되신
예수 그리스도의 선하심과 인자하심이
영원부터 영원까지 우리와 함께 하신다.

기름부음 받은 복음의 시인이 되면
길이요, 진리요, 생명이신
예수 그리스도를 노래한다.

생명 살리는 시인의 언어는
거칠거나 지저분하지 않다.

영혼을 죽이는 것은 시가 아니다.

복음의 시인은
생명을 살리고, 사랑하고, 화평케 한다.

역대상 29장 11절
시편 23편 1~6절

Chapter 8

하늘에 소망을 둔 이 땅의 나그네로

의를 위하여
박해를 받은 자는 복이 있나니
천국이 그들의 것임이라

Blessed are those who are persecuted
because of righteousness,
for theirs is the kingdom of heaven.
―――――――――――――――――――
Matthew 5:10

하늘에 소망을 둔 이 땅의 나그네로 - 1

의를 위해 핍박을 받으면
측량할 수 없는 하나님의 복을 받는다.
천국이 나의 것이다.

핍박이란
외부로부터 얻어맞는 것이 아니다.
사탄의 충동질로 인해
우리 몸에서 느껴지는 고통이다.

멋대로, 생각대로 뭔가 될 것처럼 보여서
기도도 해보고 교회도 다녀보지만
마음대로 안 될 때
발작 증세를 일으켜 탄식하는 우울증
상처로 우는 우울증
자살 충동으로 끌고 가는 우울증으로 시달리는 것이
영적 질병이다.

영적 질병으로부터 오는 내면의 핍박을 제압하라.
언약의 힘과 기도의 힘을 가져라.

죄의 권세 지옥 권세 사탄의 권세를 제압하는
기도의 힘도 없이
종교생활에 열심을 내면
스스로는 물론, 이웃까지도 복을 받지 못한다.

사탄의 머리를 밟아버린 창세기 3장 15절,
절대 언약 안에서
성령으로 충만하면 어떤 핍박이 와도
항상 기뻐하게 된다.

뱀의 머리를 깨뜨리는 영적 싸움 속에서
영적인 힘을 가지면 감사하게 된다.

항상 기뻐하고, 범사에 감사하며
시간마다 걸음마다 호흡마다
영적 싸움을 쉬지 않고 기도하는 것
이것이 바로, 그리스도 예수 안에서 우리를 향한
하나님의 뜻이다.

하나님이 응답하실 것을 믿고
감사 속에 있으면
연약한 것 같고 실패한 것처럼 보이나
성령께서 친히 우리가 하나님의 자녀인 것을
증언하신다.
그리스도를 통하여
우리는 하나님의 상속자가 되었다.

마음과 생각 속에서
사탄의 충동질이 꿈틀거릴 때
예수 그리스도, 그 이름을 부르는 만큼
우리의 이미지가
그리스도의 이미지로 바뀐다.
성경에 기록된 모든 선지자들도 이렇게 하였다.

데살로니가전서 5장 16~18절
로마서 8장 16~17절
마태복음 5장 12절

언약의 말씀이 기도로 연결되면
언약의 힘과 기도의 힘이 온다.

언약의 힘이 있으면
권력 앞에 무릎 꿇을 일도 없고
부자 앞에 아부할 일도 없고
신학적으로 많이 배워야 할 이유도 없다.

기도의 힘을 가지면
모든 문제는 응답과 상급의 발판이 된다.

언약의 힘과 기도의 힘은
사탄의 머리를 밟아버린 창세기 3장 15절
원시 복음, 예수 그리스도로부터 나온다.

말씀이 육신이 되어 우리에게 오신
예수 그리스도의 은혜와 진리로 충만하면
어떤 핍박이 와도 요동치지 않는다.

기뻐하고 즐거워하라.

전에 있던 선지자들도
그리스도로 인해 박해를 받았지만
하나님의 언약, 창세기 3장 15절로 이겼다.

복음 때문에 핍박이 왔다면
하나님의 절대 시간표가 온 것이다.

우리 인생길을 막는 사탄의 장애물을
창세기 3장 15절, 언약의 힘으로
산산이 무너뜨려라.

핍박과 혼란이 오면
먼저, 분노와 혈기부터 꺾어라.
육신의 생각과 갈등을 의의 병기로 무너뜨려라.

영적 싸움, 기도의 힘으로
자신과 세상과 사탄을 이긴 증거를 가지면
더 이상 복음을 부끄러워하지 않는다.

복음은
예수 그리스도를 믿는 우리에게
구원을 주시고 부요케 하시는
하나님의 능력이고 하나님의 의다.

하나님의 의, 복음을 위해 모든 것을 드리면
성령 하나님의 세밀한 역사 속에서
하나님이 예비하신 만남의 축복을 누리는
전도자의 상급을
측량할 수 없을 만큼 받게 된다.

요한복음 1장 14절
마태복음 5장 12절
로마서 1장 16~17절

하늘에 소망을 둔 이 땅의 나그네로 - 3

핍박은
외부로부터 오는 것이 아니다.

사탄의 충동질로 인해
우리 안에서 일어나는
분노, 두려움, 공황장애, 발작 증세가
진정한 핍박이다.

언약의 힘으로
모든 상황을 제압하라.

사탄의 머리를 깨뜨린 창세기 3장 15절
메시아, 그리스도, 그 이름의 권세를 사용하는
기도의 힘으로
우리 앞의 장애물들을 뚫어버려라.

좋은 날 보기를 원한다면
혀를 금하여 악한 말이나 거짓을 말하지 말고
만왕의 왕, 샬롬의 왕께 화평을 구하라.

믿는 우리에게 이김을 주시는
약속의 말씀을 따라가라.

우리의 주, 그리스도의 눈은
우리를 향하시고
주의 귀는 우리의 기도를 듣고 계신다.

그리스도의 얼굴은
악행 하는 자를 향하여 있으므로
그들이 두려워 떤다.

마음에 근심하지 말라.
그리스도께서 죽으심으로
불의한 자를 대신하셨다.

우리는 이제
하나님의 택하신 족속이요
왕 같은 제사장이다.
거룩한 나라의 상속자다.

어두운 데서 불러내어
그리스도의 기이한 빛에 들어가게 하신 이의
아름다운 덕을 변론하고 소개하고 전달하는
하나님 나라의 대사가 되었다.

하나님은
핍박 중에도 그리스도를 선전하는
시골 어부 베드로를 불러내어
하나님이 예비하신
로마의 백부장 고넬료를 만나게 하심으로
선교의 지경을 넓히셨다.

창세기 3장 15절, 언약의 힘과
그리스도의 권능을 발산시키는
기도의 힘을 소유하면
핍박 중에도 가문과 민족과 세계를 살리는
중요한 '한 사람'이 된다.

베드로전서 3장 11, 12, 18
베드로전서 2장 9~10절

영적 권위를 상실한 채, 비즈니스로 전락한 교회는
사회로부터 무시당한다.

예수 생명과 그리스도의 능력을 회복하라.

불신자의 정의가 아닌 진리 안에서의 정의만이
진정한 정의다.

율법의 행위로는
하나님 앞에서 의롭다 할 자가 없다.
율법 외에 하나님의 한 의가 나타나셨으니
예수 그리스도시다.

모든 사람이 죄를 범하여
하나님의 영광에 이르지 못하였지만
예수 그리스도를 믿는 믿음으로 말미암아
차별 없이 의롭다 함을 얻을 수 있다.

예수 그리스도는 율법을 폐하러 오신 것이 아니다.
율법을 완성시킨 완전 복음으로 오셨다.

절대 이김을 주시는 하나님의 의를 가지고
핍박 앞에서 침묵하라.

그리스도의 의로 불의와 핍박을 이겨라.

예수 그리스도의 빛 가운데 행하면
서로 사귐이 있고
예수 그리스도의 보혈로 인하여
모든 죄에서 깨끗하게 된다.

로마서 3장 20~23절
마태복음 5장 17절
요한일서 1장 7절

하늘에 소망을 둔 이 땅의 나그네로 - 5

우리는 구원의 소망을 가진 이 땅의 나그네다.
우리의 본향은 하나님의 나라다.

언약의 길을 걷는 복음의 나그네,
영적인 순례자가 되면
하늘에 소망을 둠으로, 두려움이 없다.

하나님은 우리를 거룩하게 구별하시어
예수 그리스도의 피 뿌림으로
은혜와 평강을 주셨다.

창세기 3장 15절, 언약의 흐름 속에 있으면
핍박자들의 박해는 문제될 것이 없다.

사탄의 머리를 밟아버린 평강의 왕,
그리스도의 대열에서
이탈하지 말라.

핑계치 말라.
창세기 3장 15절, 영적 싸움을 통과하지 않으면
언약의 힘도 없고 기도의 힘도 없이
하나님을 알되, 하나님을 영화롭게도 아니하며

감사하지도 아니하고
오히려 그 생각이 허망하여지며 미련하여
마음이 어두워진다.

예수님을 만나고, 보고, 만지고, 직접 사명을 받은
사도 베드로는 예수님이 누구신지
정확히 알고 있었다.

'주는 그리스도시오
살아계신 하나님의 아들이십니다'

창세기 3장 15절, 구약의 메시아가
신약의 예수 그리스도이심을 고백하였다.

성경은 열심특심으로 연구하고 파는데
인생의 해답도 없이
이적과 표적만 바라는 엘리야처럼
문제 앞에서 울기만 하는 예레미야처럼
종교생활에 매몰되지 말라.

열심히 하나님은 섬기는데
내면의 원죄와 가문에 흐르는 저주를
어떻게 해결해야 할지 몰라
어려운 문제가 찾아오면
혼란에 빠지는 세례 요한처럼
몽롱한 상태로
그리스도에 대한 확신도 없이 살지 말라.

마귀의 일을 멸하신 참 왕
원죄와 조상죄, 자범죄, 미래에 지을 죄까지도
십자가 죽음으로
완벽하게 대속하신 참 제사장
하나님 만나는 길을 열어놓으신 참 선지자로 오신
예수 그리스도는 우리를 살리셨다.

그리스도의 영이 없으면
그리스도인이 아니다.

하나님이 이겨놓은 것, 창세기 3장 15절을 가지고
영적 싸움하여 승리자로 살아라.

작은 자가 천 명을 이루겠고
약한 자가 강국을 이룰 것이다.
하나님의 시간표에 하나님이 이루신다.

창세기 3장 15절, 언약의 힘과 기도의 힘으로 충만했던
사도 베드로는 옥에 갇히는 핍박을 받았으나
세상이 감당치 못할 승리자가 되었다.

베드로전서 1장 1~2절
로마서 1장 20~21절
마태복음 16장 16절
마태복음 16장 13~16절
로마서 8장 9절
이사야 60장 22절
히브리서 11장 38절

하늘에 소망을 둔 이 땅의 나그네로 - 6

우리가 느끼는 진짜 고통은
우리 속에서 몸부림치고 있는 수많은 생각들
환경으로부터 오는
사람들의 소리, 사람들의 눈빛들이
복잡하게 얽혀서 일어나는 내면의 핍박이다.

외부로부터 공격이 올 때
하나님의 자녀 된 신분과 권세를 가지고
살고 있는지부터
점검하라.

사탄의 머리를 밟아버린 평강의 왕
그리스도는 말씀하신다.

'너는 두려워하지 말라
내가 너를 구속하였고
내가 너를 지명하여 불렀나니 너는 내 것이라'

하나님의 것이 되었으면
하나님의 자녀로 살아야 한다.

내면에서 일어나는
모든 불신앙을
예수 그리스도 이름으로 꺾어버려라.
측량할 수 없는 힘이 온다.

예수님의 제자 베드로는
올바른 신앙고백으로
이 땅의 것을 매고 푸는 천국열쇠까지 받았지만
순간, 사람의 일을 도모하는 악한 동기로 인해
예수님께로부터 질책을 들었다.

'사탄아 내 뒤로 물러가라
너는 나를 넘어지게 하는 자로다
네가 하나님의 일을 생각하지 아니하고
도리어 사람의 일을 생각하는도다
누구든지 나를 따라오려거든 자기를 부인하고
자기 십자가를 지고 나를 따를 것이니라'

우리의 싸우는 무기는 육신에 속한 것이 아니다.
하나님 아는 것을 대적하여 높아진
모든 이론과 생각을 그리스도께 복종시켜라.

날마다 자아를 쳐서 복종시키는 영적 싸움으로
날마다 '죽는 것'이 자랑이 되면
수많은 박해와 환란이 밀려와도
사도 바울처럼 문제될 것 없이, 다 괜찮다.

그리스도 안에서 죽어야
그리스도 안에서 살아서 이긴다.

예수님은 말씀하신다.

'세상에서는 너희가 환난을 당하나
담대하라, 내가 세상을 이기었노라'

이사야 43장 1절
마태복음 16장 23~24절
고린도후서 10장 4~5절
고린도전서 15장 31절
마태복음 16장 33절

사탄은
육신적으로 그럴듯한 것을 던져주고
흥분상태로 만들어서
우리 영혼을 빼앗아간다.

사탄에게 영혼을 빼앗기면
사람을 의식하여 욕망의 바벨탑만 쌓다가
하나님이 주신 영원이라는 시간표를 빼앗긴 채
마귀와 그 추종자들을 위해 예비된
뜨거운 불에 던져진다.

언약의 힘을 가져라.

언약은
우리를 위해 싸우시는 여호와 하나님이
우리에게 주신 승리의 약속이다.

홍해를 갈라서 마른 땅같이 건너게 하신 하나님이
창세기 3장 15절의 주인공, 메시아, 예수 그리스도시다.

바로왕의 병거와 군대를 바다 물속에 던져버리신 분
여호와 하나님은 용사이시다.

구약의 여호와 하나님이
신약의 예수 그리스도로
우리에게 오셔서 우리의 힘이요, 방패시며
구원이요, 노래가 되어주셨다.

평강의 왕, 예수 그리스도를 찬양하라.

언약을 회복하면 찬송이 회복되고
찬송을 회복하면 운명적 노예살이에서 해방된다.

핍박이 밀려와도 기뻐하고 즐거워하라.
하늘에서 상이 크다.
하나님의 자녀는
천국을 소유한 하나님 나라의 상속자다.

마태복음 25장 41절
출애굽기 15장 1~5절
마태복음 5장 10~12절

하늘에 소망을 둔 이 땅의 나그네로 - 8

다윗이
만군의 여호와 이름으로
골리앗을 물리치겠다 하였으나
그 누구도 믿지 않았다.

창세기 3장 15절, 사탄의 머리를 밟아버린
메시아, 그리스도 이름으로
모든 문제 끝났다고 하여도
이 세상은 믿지 않는다.

여호와 하나님은
창세기 3장 15절의 언약을 가진 모세의 기도를 통해
홍해를 가르시고 애굽의 병거와 군대를
휘몰아치는 바닷물에 던져 버리셨다.

하나님과 함께 동행한 다윗이
수금을 타며 여호와를 찬양하니
악령에 잡혔던 사울이 상쾌하여 병이 낫고
악령이 떠나갔다.

유월절 어린 양의 피를 문설주와 인방에 바르면
저주와 재앙이 넘어간다.

우리를 위해 싸우시는 여호와 하나님
마귀의 일을 멸하신 만왕의 왕, 그리스도에 대해
무지한 채로
신앙생활하면 사탄에게 영혼을 빼앗겨서
사탄의 노예로 살아간다.

창세기 3장 15절, 언약의 힘을 회복하라.

언약을 회복하면 속사람이 치유되어
마음은 기뻐지고
찬송하는 혀가 즐거워지며
몸이 소망으로 가득하여
매력적인 그리스도인이 된다.

다시 한번 뜻을 정하고
결단하라.

하나님의 의, 그리스도를 위하여
핍박을 받으리라 결단하면
측량할 수 없는 복이 임한다.

사무엘상 16장 23절
출애굽기 12장 13절
사도행전 2장 26절
마태복음 5장 12절

하늘에 소망을 둔 이 땅의 나그네로 - 9

믿음의 확실함은
불로 연단하여도 없어질 금보다 더 귀하여
예수 그리스도께서 나타나실 때에
칭찬과 영광과 존귀를 얻게 된다.

예수님을 눈으로 보지 못하였으나
어느 날, 하나님의 시간표가 임한
'그 날'에 주와 그리스도 되심을 알고
지극히 사랑하게 되었다면
어떤 환란이나 핍박이 오더라도
하나님의 계획 속에 붙어있으라.

우리는 영원한 본향을 찾아가는 나그네
거룩하게 구별된 순례자다.

하나님이 원하시는 시간표 속에서
하나님이 함께하시는 '그 날' 속에 있으라.

마귀가 있기 때문에
시험과 고난과 억울함이 있을 수 있다.
그리스도 이름으로 치욕을 당하면 복이 있다.
영광의 영, 하나님의 영이 우리와 함께 하신다.

억울한 상황 속에서도
따지거나 정죄하거나 심판하지 말고
먼저, 구원받은 하나님의 자녀로서
구원의 축복부터 누려라.

환난이나 곤고나
핍박이나 기근이나 위험이나 칼이라도
우리를 그리스도의 사랑에서 끊을 수 없다.

하나님의 자리에 앉아 부패한 말로
정죄하고 심판하지 말라.
자신을 연단하고 인내하라.
인내는 소망을 낳는다.

말씀 따라가면 모든 길이 열린다.
가문과 기업과 후대가 승리하는 복이 온다.

베드로전서 1장 7-8절
베드로전서 4장 14절
베드로전서 1장 7-8절
로마서 8장 35절
로마서 5장 4절

세계 역사와 유럽 문화의 판도를 바꾼
바나바의 포용을 보라.

다메섹에서 그리스도를 만났지만
초대교회의 인정을 받지 못하여
유대교와 예루살렘교회 양쪽에서 버림받고
고향으로 돌아간 바울을 다소까지 찾아가서
안디옥교회에 발탁한 바나바.

성령과 믿음으로 충만한 바나바는
바울에게 임한 하나님의 은혜를 볼 수 있었다.

헬라어와 구약에 능통한 성경학자 바울은
헬라파 이방인에게
예수는 구약의 메시아, 그리스도라
유력하게 증언함으로써
예루살렘 교회의 경계를 뛰어넘는
선교교회를 탄생시키고
그리스도인이라 칭함을 받는
기독교 탄생의 초석을 놓았다.

하나님 자리에서 앉아서
제멋대로 살아가는 운명적 저주와
창세기 3장의 재앙에서 빠져나오는 길,
하나님이 주신 약속
창세기 3장 15절, 메시아 그리스도로 답을 낸
우리가 바로, 그리스도인이다.

'돈만 있으면 끝'이라는 네피림의 저주
'성공과 권력의 바벨탑을 쌓자'는 바벨탑의 저주
기구한 운명의 노예 상태에서 빠져나오는
답을 가져라.

십자가에서 모든 문제 끝내주신
그리스도를 소유하면
어떤 환난과 핍박이 오더라도
기뻐하고 즐거워한다.

스데반의 순교로 대환난을 맞이하였으나
복음 들고 흩어진 디아스포라를 통해 안디옥교회는
영적인 나루터, 답을 주는 선교의 플랫폼이 되었다.

흉년으로 먹을 것이 없었던 예루살렘 교회를
도울 만큼 빛의 경제가 임했다.

살아계신 하나님이 함께 하시고
그리스도의 영, 성령으로 충만하면
핍박과 죽음의 위기 앞에서
하나님의 큰 구원 계획을 보고
자신을 먼저 갱신할 수 있는 힘이 온다.

그리스도 예수에 대하여 증거하면
주의 손이 함께 한다.
주의 손이 함께 하는 그리스도인을
그 누가 막을 수 있겠는가.

그리스도에 한이 있는 종말론적 신앙이
영혼 속에서 흐르게 하라.

과거의 잘못을 정죄하고 판단하는
율법적, 종교적, 이기주의 잣대를 버리고
사랑으로 기다리고 기다려주어라.

바울을 추천하고, 옹호하고, 도와서
제 1선교사로 출발할 수 있도록
위대한 하나님의 일에 앞장서서 진행시켰던
바나바의 리더십을 본받아
생명 살리는
생명 공동체, 선교 공동체, 복음 공동체를 세우는
증인이 되어라.

사도행전 11장 19-26절
요한복음 19장 30절

Chapter 9

예수님은
빛이 되라,
소금이 되라고
하지 않으시고
이미, 빛이고
소금이라고
규정하셨다.

우리는
빛이고 소금이다.

너희는 세상의 소금이니
소금이 만일 그 맛을 잃으면
무엇으로 짜게 하리요

너희는 세상의 빛이라
너희 빛이 사람 앞에 비치게 하여
하늘에 계신 너희 아버지께
영광을 돌리게 하라

You are the salt of the earth.
But if the salt loses its saltiness,
how can it be made salty again?
It is no longer good for anything,
except to be thrown out and trampled by men.

Matthew 5:13

우리는 빛이고 소금이다 - 1

우리는 빛이고 소금이다.

예수님은
하나님의 자녀에게, 그리고 예수님의 제자들에게
'빛이 되라, 소금이 되라'고 부담주지 않으셨다.
이미, 빛이고 소금이라고 규정하셨다.

우리의 의를 가지고
빛이 되고자 몸부림치는 것이 율법주의다.
우리의 기준과 공정을 가지고
소금이 되려고 노력하는 것은
바리새인의 종교 사상이다.

생명의 빛, 그리스도를 영접하여
하나님의 자녀가 된 우리는, 이미 빛이다.

하나님의 권능을 하나님의 자녀된 권세로 사용하여
옛사람의 편견과 고집, 율법적 옛 틀을 깨버린
우리는, 이미 그리스도의 맛을 내는 소금이다.

위선적인 바리새인 종교 사상에 중독되면
몽롱하고 혼미한 상태로
영적인 세계에 눈이 닫혀서
악한 동기와 탐심을 선행으로 포장한
사탄의 조직적 활동을 깨닫지 못한다.

세상에 있는 모든 것이
육신의 정욕과 안목의 정욕과 이생의 자랑이니
하나님께로부터 온 것이 아니다.
땅의 지체로부터 온 음란과 부정과 사욕과
악한 정욕과 탐심이니
탐심은 우상 숭배다.

조직적이고 공격적으로 활동하는
사탄의 협력자가 되지 말라.
어둠이 있는 곳에 빛을 비추어라.

말세에 고통하는 때가 온다.
사람들이 자기를 사랑하며 돈을 사랑하고
자랑하며 교만하며 비방하고 부모를 거역하며
감사하지 아니하며
거룩하지 아니하여 구별된 삶을 살지 못한다.
무정하며 원통함을 풀지 않고
모함하며 절제하지 못하고
사나워져서 선한 것을 좋아하지 않는다.

마음이 딱딱하게 굳어져서
인생의 맛을 잃어버린 이들에게 찾아가
맛을 내주어라.
흑암에 갇혀 떨고 있는 이들에게
빛을 비추어라.

예수님이 말씀하신 여덟 가지 복,
팔복을 소유한 우리는
이 시대와 현장과 미래의 재앙을 막아주는
빛이고 소금이다.

요한일서 2장 16절
골로새서 3장 5절
디모데후서 3장 1~3절
마태복음 5장 13~16절

우리는 빛이고 소금이다 - 2

생명의 빛, 그리스도의 빛이
우리 몸에 먼저 비추이면
그 빛이 사람들을 비추어
많은 사람들을 옳은 데로 돌아오게 하는 별과 같이
영원토록 빛나는 전도 제자의 삶을 살게 된다.

소금이 맛을 잃으면 밖에 버리어져
사람들의 발에 밟힌다.

예수님이 주신 여덟 가지 복의 비밀을 누리는
그리스도의 제자는
이미, 빛이고 소금이다.

심령이 가난하면
천국이 우리의 것이다.

스스로 안되는 존재임을 인정하고 애통하면
하나님의 위로가 임한다.

온유함으로 하나님의 말씀에 길들여지면
땅을 기업으로 받는다.

하나님의 의, 그리스도에 주리고 목마르면
생명의 떡으로 부요함을 누리고
그 배에서 생수의 강이 흐른다.

우리의 삶에 임한 그리스도의 부요한 열매를 가지고
모든 이들을 긍휼히 여기면
하나님의 사랑과 긍휼을 받는다.

마음을 청결히 하면 날마다 하나님의 얼굴을 본다.
하나님의 형상, 그리스도의 이미지가
우리 몸에서 나타난다.

화목 제물로 오신 그리스도의 십자가 사랑을 힘입어
모든 이들을 화목케 하면
하나님의 아들이라 일컬음을 받는다.

하나님의 의, 그리스도로 인하여 핍박을 받으면
측량할 수 없는 전도자의 상급을 누림으로
이 땅에서도 천국을 소유한다.

팔복의 비밀은
우리 자신을 바꾸고 갱신하는 데 있다.

흑암을 빛으로 바꾸고
부패한 곳을 소금의 짠맛으로 치유하여
이 시대와 현장과 미래의 재앙을 막는 것이
팔복의 비밀이다.

다니엘서 12장 3절

우리는 빛이고 소금이다 - 3

우리가 조롱하고 무시했던 예수님이
'이김'과 '쉼'을 주시는 우리의 주, 그리스도가 되셨다.

예수 그리스도, 그 이름을 마음에 새겨놓고
부르기만 하여도 구원을 받고 부요함을 누리드로
결단코 부끄러움을 당하지 않는다.

옛사람의 기준과 고집과 신학 사상으로
하나님을 믿어보려고 몸부림치면
예배를 드려도 인생의 답도 없고
소망도 없이 분노에 차서 소리만 질러댄다.

'마침 그들의 회당에
더러운 귀신 들린 사람이 있어 소리 질러 이르되
나사렛 예수여
우리가 당신과 무슨 상관이 있나이까
우리를 멸하러 왔나이까
나는 당신이 누구인 줄 아노니
하나님의 거룩한 자니이다'

예수님이 누구신지도 알고 있고
예배당에 앉아는 있는데
예수님과 상관없이 살면 사실은 귀신 들려있는 상태로
쉼도 없고 안위도 없이 분노 속에 사는 것이다.

이미 와 있는 원죄의 씨,
창세기 3장에 출현한 뱀의 머리를 밟는
창세기 3장 15절, 영적싸움의 비밀이 없으면
수고하고 무거운 짐을 진 채, 종교생활의 늪에서
헤매고 다닌다.

사람과 싸우지 말고, 사탄의 일을 멸하라.
쉼이 온다.

'예수께서 꾸짖어 이르시되
잠잠하고 그 사람에게서 나오라 하시니'

우리 영혼을 불신앙으로 장악하여 분노 속에서
소리 지르게 만드는
더러운 귀신을
권세 있는 주 예수 그리스도 이름으로 내어 쫓으라.
천국이 임한다.

천국은
죽어서만 가는 곳이 아니다.

이 땅에서도 천국을 누리는 비밀은
이겨놓고 싸우는 영적 싸움 안에 있다.

심판이 임박한 줄도 모르고
수고롭게 몸부림치며 사는 시대에

노아는 하나님의 은혜를 입고 방주를 지어서
시대의 재앙과 현장의 재앙과 미래의 재앙을 막았다.

위기 속에서도 하나님의 말씀을 청종치 아니하고
하나님을 거역하여 탈취하기에만 급급했던
사울왕은
그 속에 악령이 들어가 하나님께로부터 버림을 받았다.

하나님의 말씀에 거역하는 것은
점치는 죄와 같고
완고하여 고집이 센 것은
우상에게 절하는 죄와 같은 것이다.

언약의 흐름을 놓치지 말라.
창세기 3장 15절, 메시아 그리스도로
위기를 통과하라.
막혔던 통로가 뚫리고 열리는
'에바다'의 축복이 온다.

우리 몸에 똬리를 틀고 앉아
인생의 문을 막고 있었던 존재
마귀의 일을 그리스도의 권세로 무너뜨려라.

마음이 기쁘고 혀가 즐거우며,
온 몸이 소망으로 가득하여
새로운 시작, 새로운 만남, 새로운 도전이
시작된다.

사도행전 2장 36절
로마서 10장 13절
마가복음 1장 21~24절
마가복음 1장 25절
마태복음 12장 28~29절
창세기 6장 8, 14절
사무엘상 15장 22~23절
마가복음 7장 34절
요한일서 3장 8절
사도행전 2장 26절

우리는 빛이고 소금이다 - 4

부르기 싫어하는 그 이름, 예수는 그리스도

아무나, 생각하지 못하고
누구나, 할 수도 없는 예수님의 지상명령
가서, 모든 족속으로 제자 삼으라는 디아스포라 미션

문화적 편견과 고집과 율법적 옛 틀을 깨지 않고는
도저히 받을 수 없는 재창조와 유일성의 응답

이 응답을 누리는
우리는
이미 빛과 소금이기에

집에 있든지, 성전에 있든지
흩어지든지, 모이든지
'예수는 그리스도'라고 노래 부르며 전도하기를
그치지 아니한다.

복음의 절대성과 필요성을 깨달으면
무식해도, 연약해도, 희망 안에 있다.

기생 라합은 이스라엘 역사에 기록되었고
갈릴리 어부들은 복음으로 로마를 정복하였다.

율법에 찌들어 이기적 욕망에 사로잡힌
바리새인들을 겁내지 말라.
과거의 기억에 휘둘리거나 환경에 짓눌리지 말라.

일어나 생명의 빛, 그리스도의 빛을 비추어라.

인생의 맛을 잃어버린 이들에게 맛을 내주어라.

빛이 되려고 하면, 율법주의에 빠지고
소금이 되려고 하면, 유리방황하며 돌아다닌다.

창세기 3장 15절, 생명의 빛, 그리스도의 빛으로
언약의 힘과 기도의 힘을 길러라.

어둠이 밀려올 때마다 빛을 비추면
하나님의 말씀이 점점 왕성해지고
제자의 수가 날로 더하여
허다한 바리새인 제사장들이
빛을 선전하는
우리 앞에 무릎을 꿇는다.
하나님께서 영광을 받으신다.

이것이
팔복을 소유한
우리의 오늘이고, 미래다.

사도행전 5장 42절
사도행전 6장 7절
마태복음 5장 16절

우리는 빛이고 소금이다 - 5

자신을 진실하게 들여다보는 힘이 있으면

광명의 천사로 위장한 위선자로 살지 않고
진실을 찾으려다가 상처 입은 이들에게
해답을 주는 전도 제자의 삶을 살게 된다.

말씀이 육신이 되어
우리에게 오신 예수 그리스도가
머리에 머물면 지식 신앙, 종교 사상에 불과하다.

가슴으로 내려와 마음과 연합할 때
잘 박힌 못처럼 우리 몸에서 일인칭 된다.

하나님의 말씀에 인생을 걸어라.

그리스도의 빛으로 나아오라.
어둠에서 빠져나와야
진실하게 자신을 들여다볼 수 있다.

선행도 하고 구제도 열심히 하면서
하나님도 진실하게 믿어보려고 몸부림 쳤지만
지난날의 전쟁터 기억으로 마귀에게 눌려있었던
로마의 백부장 고넬료처럼
열여덟 해 동안 사탄에게 매여 있던
아브라함의 딸처럼
눌려있고 묶여있었던 우리들.

점치는 미신 신앙으로 전락하여
마귀의 자식이요, 의의 원수로
마음이 굳어 순종치 않고 그리스도를 비방했던
옛사람의 우리 자신을
하나님 앞에서 진실하게 인정하면

흠 없고 점 없는 어린 양으로 오신
예수 그리스도의 보배로운 피로 말미암아
깨끗함을 입어 구원을 받는다.

진실을 찾다가 상처받아서 분노와 슬픔으로 살았던
과거의 기억들이
그리스도 안으로 들어오면 축복의 발판이 된다.

예수님은
상처 입은 베드로를 찾아가셔서
'네가 나를 사랑하느냐?'
물으시고 후대를 키우라는 사명을 주셨다.

여호와 하나님은
상처입고 도망간 모세를 만나
창세기 3장 15절의 비밀을 알게 하시고
창세기를 기록하게 하셨다.

하나님은
아합 왕과 이세벨의 핍박이 두려워
상처받고 도망간 엘리야에게
우상에게 절하지 않은 칠천 명의 제자와
언약을 계승할 엘리사를 만나게 하셨다.

복음이 없어
육신의 안목과 세상의 안목, 이생의 자랑으로
욕망에 사로잡혀 '보이는 것이다'라고 착각했던
지난날의 우리 자신을 진실하게 바라볼 수 있어야

하나님이 계획하신 만남의 축복도 오고
빛과 소금의 역할도 감당할 수 있다.

전도서 12장 11절
사도행전 26장 18절
사도행전 20장 38절
누가복음 13장 16절
사도행전 13장 16절
사도행전 16장 16절
사도행전 19장 9절
베드로전서 1장 9절

어제는 믿어지고
오늘은 안 믿어지는 불신앙을
창세기 3장 15절, 완전 복음
예수 그리스도의 권세로 내어 쫓는
영적 싸움을 통과해야 은혜와 평강이 임한다.

이 세상의 재앙 시스템에서
스스로의 힘으로는 빠져나올 수 없기 때문에
하나님은 우리에게
창세기 3장 15절, 메시아 예수 그리스도를
보내주신 것이다.

'한 아기가 우리에게 났고
한 아들을 우리에게 주신 바 되었는데
그의 어깨에는 정사를 메었고
그의 이름은 기묘자라, 모사라
전능하신 하나님이라, 영존하시는 아버지라,
평강의 왕이라 할 것임이라'

예수 그리스도는
십자가에서의 피 부림과 고난으로
우리 몸에 와 있는 죄와 사망의 문제를
완벽하게 끝내시고
새 영으로 우리를 살리셨다.

예수 그리스도의 십자가는
과거완료형이자 동시에, 현재진행형이다.

그리스도께서 죽은 자 가운데서
다시 살아나시어 잠자는 자들의 첫 열매가 되셨으므로
죽음을 이기고 부활하신 그리스도의 영으로
우리 안의 어둠을 밀어내야
질병과 죽음의 두려움에서 해방될 수 있다.

그러므로
이렇게 선포하라.

'사망아, 질병아, 무능아, 가난아
창세기 3장 15절, 예수 그리스도 이름으로
산산이 무너지고 깨어질지어다. 아멘!'

쉼과 이김을 주시는 그리스도의 증거를 가져야
사도행전 1장 8절의 성취자로서
237 나라를 향하여 행진하는 전도 제자의 삶을
살 수 있다.

빛과 소금의 삶이 곧, 전도 제자의 삶이다.

이사야 9장 6절, 요한복음 19장 30절, 베드로전서 4장 1절, 고린도전서 15장 20절

우리는 빛이고 소금이다 - 7

'주님'이 누구신가?

우리 욕망을 채워주는 주님?
똑바로 살기 위해 몸부림치며 부르는 주님?
기적을 구하는 주님?
눈물로 용서를 구하는 주님?

정의를 부르짖는 세례요한의 율법주의 주님?
눈물의 선지자 예레미아의 민족주의, 박애주의 주님?
기적을 만드는 엘리야의 신비주의 주님?

그리스도만 빼고, 아도나이, 주님만 부르는 것이
유대종교 바리새인의 틀린 믿음이다.

예수님은 유대인의 믿음을 이렇게 진단하셨다.

'너희는 너희 아비 마귀에게서 났으니
너희 아비의 욕심대로 너희도 행하고자 하느니라
그는 처음부터 살인한 자요
진리가 그 속에 없으므로 진리에 서지 못하고
거짓을 말할 때마다 제 것으로 말하나니
이는 그가 거짓말쟁이요, 거짓의 아비가 되었음이라
내가 진리를 말하므로 너희가 나를 믿지 아니하는도다'

늦게 가더라도 성경대로 가라.

'그런즉 이스라엘 온 집은 확실히 알지니
너희가 십자가에 못 박은 이 예수를
하나님이 주와 그리스도가 되게 하셨느니라 하니라'

'주는 그리스도시오
살아계신 하나님의 아들이십니다'

우리의 주님, 예수님이 그리스도라는 사실을
알고 부르면 축복이고
모르고, '주님, 믿습니다'만 하면
어느 날 찾아오는 한계 앞에서
불신자보다 못한 상태로 전락한다.

'주님, 주시옵소서' 울부짖지 말고
창세기 3장 15절의 주인공, 예수 그리스도 이름으로
기쁨과 감사를 훔치고 도둑질하는
사탄의 머리부터 밟아버려라.

추상적 논리로 믿는 것은 믿음이 아니다.

창조주, 성부 하나님
태초의 말씀이 육신이 되어
우리에게 오신 성자 하나님
사탄권세, 지옥권세, 사망권세를 이기고 부활하셔서
지금, 우리와 함께 역사하시는 성령 하나님
삼위일체 하나님이 예수 그리스도시다.

이 세상뿐 아니라 오는 세상에 일컫는
모든 이름 위에 뛰어난 그 이름, 예수 그리스도
만물이 그 발 아래 복종하며
교회의 머리가 되신 그 이름, 예수는 그리스도.

예수님이 우리의 주님, 그리스도이심을 고백했다면
이제, 여러가지 시험으로 인하여
잠깐 근심하게 되어도 오히려 크게 기뻐하라.

예수 그리스도를 사랑하라.

예수 그리스도께서 나타나실 때에
칭찬과 영광과 존귀를 얻게 하시어
우리를 왕 노릇하게 하신다.

우리는 하나님의 택하신 족속이요
왕 같은 제사장이요 거룩한 나라요
그의 소유된 백성이다.
우리를 어둠에서 불러내어
그의 기이한 빛에 들어가게 하신 이가
바로, 예수 그리스도시다.

하나님의 자녀는 더 이상
'주님, 주시옵소서' 애걸하는 존재가 아니다.

예수 그리스도의 아름다운 덕을 선포하는
이 시대의 전도 제자다.
그리스도를 믿는 믿음의 결국은 영혼 구원이다.

그리스도의 매력적인 전도 제자는
시대를 밝히는 빛이요
그리스도의 맛을 내는 소금이다.

요한복음 8장 44~45절
사도행전 2장 26절
마태복음 16장 16절
에베소서 1장 21~22절
베드로전서 1장 3~6절
요한계시록 5장 10절
베드로전서 2장 9절
베드로전서 1장 9절

편집장의 글

책을 만드는 일이 즐겁습니다.

그냥 책이 아니라
하나님의 숨이 우리의 허파에 들어와
비로소, 후~ 숨 쉬게 만드는 책이어서 그렇습니다.

간절한 기도를 담아
이 책을
책상에서 세상으로 떠나보냅니다.
구름에 달 가듯이 그렇게 가기를.

2021년 12월 겨울의 초입에
HIM BOOKS 편집장 初更 김유순

다시는 오지 않을 오늘을 위하여

지은이 김서권
1판 1쇄 발행일 2021년 12월 10일
1판 2쇄 발행일 2021년 12월 31일

발행처 도서출판 HIM BOOKS
발행인 김서권
편집 김유순, 육후연, 성민근, 최우림, 박지오
사진 김한나
표지디자인 박현희
내지디자인 진성현
기획 및 홍보 이명석

등록번호 제 22 - 3166호
등록일자 2007년 7월 26일
137-074 서울시 서초구 서초 4동 1687-2 중앙서초프라자 202호
Tel 02-594-9101 / Fax 02-537-8771

저작권자 ⓒ 2021 HIM BOOKS
이 책의 저작권은 HIM BOOKS에게 있습니다.
출판사의 허락 없이 내용의 일부를 인용하거나 발췌하는 것을 금합니다.

COPYRIGHT ⓒ 2021 HIM BOOKS
All rights reserved including the rights of reproduction in whole
or in part in any form. Printed in KOREA

ISBN 979-11-969964-5-1 03230

독자의견 전화 02-594-9101
이메일 LMS2121@naver.com

이 도서의 국립중앙도서관 출판예정도서목록(CIP)은 서지정보유통지원시스템 홈페이지
(http://seoji.nl.go.kr)와 국가자료종합목록 구축시스템(http://kolis-net.nl.go.kr)에서 이용
하실 수 있습니다. (CIP제어번호 : CIP2020004157)